新簿記教科書

THE BASICS OF BOOKKEEPING

志村　正・石田晴美・新井立夫 [著]

創成社

はしがき
PREFACE

　「簿記を修得する秘訣は何か」と，よく問われる。しかし，残念ながら，秘訣などはない。1に練習，2に練習，3に練習……である。練習に尽きる。簿記は体で覚えるものなのだ。電車の中で時間があるときに時々テキストを開いて読んでいくだけでは決して身に付かない。そう，簿記は身に付けてゆくものなのである。それは，自動車の運転技術を学ぶことに似ている。自動車の運転も教科書を読んで理解するだけでは身に付かない。教習所などで自動車に乗って何度も何度も繰り返し運転していかなければうまくはならない。そのようにして自動車の運転を自分のものにできるし，一度身に付いてしまえば忘れることは難しくなる。簿記も机に向かって鉛筆と電卓（昔はソロバンだった）を用いて問題を解きながら覚えていくものなのである。そうすれば，服を着ているかのように簿記の知識が「身に着き」，すぐに忘れることはないだろう。一生涯自分の財産となるはずである。

　簿記は会計への入り口になる。簿記の仕組みを理解できると，問題を解くのが楽しくなってくるし，さらに上級を目指そうと動機づけられることであろう。逆に言うと，簿記でつまずくと，会計が苦手，会計を毛嫌いすることになりかねない。毎日，コツコツが大切なのである。

　会計は「事業（ビジネス）の言語」といわれる。事業，つまり商売をしていく上で欠かせない知識なのである。商売をする人は簿記や会計から逃れることはできない。また，ビジネス・パーソンであれば，自分の勤めている会社の経営状態がどうなっているのかを理解できなければならない。決算書を読めなければならない。それで，簿記は経営学部では必須科目となっている場合が多い。

　本書は大学の簿記講義のテキストとして書かれたものであるが，初めて簿記に接する読者やビジネス・パーソンにとっても役立つと確信している。じっく

りと腰を落ち着けて学んでいくことが大切である。そうした時間は大学時代にしか取れないかもしれない。もちろん，社会人になって，簿記を学ばねばならないような状況になってはじめて学ぶ者もいるであろう。そのような人たちは睡眠時間を削って学ばざるを得ないかもしれない。その点で，本書には解答用紙が付いているので，自己学習するのに最適と考える。

本書は2016年に改訂された『商工会議所簿記検定試験出題区分表』と『商業簿記標準・許容勘定科目表』に準拠している。本書をひと通り終えたとき，読者は日商簿記検定3級のレベルに達しているはずである。どうか，検定試験にもチャレンジして頂きたいものである。

本書の執筆担当は次のようになっているが，その最終責任は志村にある。

　　　第1章，第2章，第5章，第12章〜第18章　　　志　村
　　　第3章，第4章，第6章，第7章　　　　　　　　新　井
　　　第8章〜第11章　　　　　　　　　　　　　　　石　田

簿記の理解には時間をかけて豊富な問題量を解いていくことが必要になる。本書の姉妹書である『簿記トレーニング』（創成社）をともに活用していただければ幸いである。

最後に，本書の発刊に当たり本書の企画を受け入れてくださり，辛抱強く支えてくださった創成社出版部の西田徹氏に心からの感謝を申し上げたい。

平成28年8月25日

著者を代表して

志　村　　正

目 次
CONTENTS

はしがき

第Ⅰ部 基礎編

1 簿記入門 ── 2
- 1-1 簿記とは 2
- 1-2 簿記の手順 2
- 1-3 簿記の対象 3
- 1-4 簿記の目的 3
- 【練習問題】[1] [2]

2 財務諸表とは ── 5
- 2-1 貸借対照表とは 5
- 2-2 損益計算書とは 9
- 2-3 貸借対照表と損益計算書の関連 12
- 【練習問題】[3]-[7]

3 取引の記録 ── 15
- 3-1 取引の要素分解 15
- 3-2 仕訳 17
- 3-3 勘定への記録 20
- 3-4 転記 22
- 【練習問題】[8]-[12]

4 記録の集計 ── 31
- 【練習問題】[13]

5 帳簿組織 ── 37
- 【練習問題】[14]

第Ⅱ部 取引編

6 商品の売買取引 ── 42
- 6-1 商品売買の処理方法 42
- 6-2 売上帳と仕入帳 46
- 6-3 仕入諸掛 46
- 6-4 返品・値引 47
- 6-5 売上諸掛 50
- 6-6 商品有高帳 50
- 【練習問題】[15]-[23]

7 掛け取引 ── 61
- 7-1 売掛金と買掛金 61
- 7-2 得意先元帳と仕入先元帳 62
- 【練習問題】[24]-[26]

8 現金取引と当座預金取引 ── 68
- 8-1 現金 68
- 8-2 現金過不足 69
- 8-3 当座預金 70
- 8-4 当座借越 72
- 8-5 小口現金 73
- 【練習問題】[27]-[31]

v

⑨ 手形取引 ──────── 79
 9 － 1 手形とは 79
 9 － 2 手形の裏書譲渡 81
 9 － 3 手形の割引 82
 9 － 4 手形貸付金と手形借入金
    82
 【練習問題】[32] [33]
⑩ 有価証券取引 ─────── 86
 10 － 1 有価証券とは 86
 10 － 2 有価証券の売却 87
 【練習問題】[34]
⑪ その他の取引 ─────── 89
 11 － 1 有形固定資産 89
 11 － 2 未収入金と未払金 89
 11 － 3 前払金と前受金 90
 11 － 4 商品券と他店商品券 91
 11 － 5 仮払金と仮受金 92
 11 － 6 消耗品・消耗品費 93
 11 － 7 資本金と引出金 94
 11 － 8 立替金，従業員貸付金
    95
 11 － 9 預　り　金 96
 【練習問題】[35] [36]
⑫ 伝票会計 ──────── 100
 12 － 1 3 伝票制 100
 12 － 2 伝票の記録 100
 【練習問題】[37] [38]

| 第Ⅲ部　決　算　編 |

⑬ 決算の手続き ─────── 106
 13 － 1 決算とは 106
 13 － 2 決算手続き 107
 13 － 3 決算修正事項 108
⑭ 繰越商品勘定と仕入勘定の
 修正 ─────────── 109
 【練習問題】[39] [40]
⑮ 有形固定資産の減価償却
 ────────────── 114
 【練習問題】[41] － [44]
⑯ 貸倒見積りの処理 ───── 120
 【練習問題】[45] － [49]
⑰ 費用・収益の見越し・
 繰り延べ ────────── 126
 【練習問題】[50] － [55]
⑱ 精算表と勘定の締め切り
 ────────────── 135
 18 － 1 8 桁精算表への記入 135
 18 － 2 勘定の締め切り 141
 【練習問題】[56] － [61]

総合問題 ─────────── 151

解答編 167
索　引 197

第Ⅰ部
基礎編

1 簿記入門

1-1 簿記とは

　簿記（book-keeping）は会計学の基礎科目である。企業の活動を把握する一手段であり，資本の動きに関心を持っている。簿記とは，**帳簿記録の技術**であり，一定のルールによって組織的・秩序的に企業の活動を帳簿に記録し，決算書を作成するプロセス，仕組みを取り扱うものである。

　簿記には，家計簿や金銭出納帳に記録するように，一定のルールを持たないで記帳者が分かる仕方で現金の収支のてん末を記録する方法と一定のルールによって記録する方法がある。前者を単式簿記，後者を**複式簿記**という。通常，簿記というときには後者の複式簿記を指している。複式という言葉は１つの取引を**二面的**に捉えるというニュアンスを伝えている。単式簿記は，現金の収支のみ一面的に記録する。

　簿記は企業のさまざまな活動を整理する独特のデータ収集技術である。他の学問も企業の活動を対象とするとしてもそれぞれ捕らえどころが異なる。簿記は経済事象のみを取り出して整理する。経済事象とは現金の収支や財産の増減を伴う企業活動を指している。簿記ではこの経済事象を取引と呼んでおり，取引を記録する技術が簿記である。

1-2 簿記の手順

　簿記は図１に示されている手順に従って実施される。まず，現実の世界（企業の実際の経営活動）から取引を認識し，それを帳簿に記録する。決算日などに帳簿の結果を集計して決算書である財務諸表を作成する。つまり，財務諸表は簿記の最終成果物である。

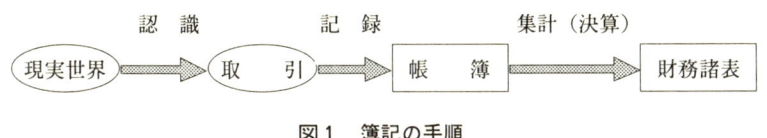

図1　簿記の手順

1-3　簿記の対象

　簿記の対象は**取引**である。帳簿記録の出発点は，取引を認識することである。取引は経済事象とか財務的事象とも呼ばれることがある。

　簿記上の取引は，日常的に使用している取引とは異なる場合がある。例えば，商品の注文を受けたとか賃貸借契約をしたという出来事（事象）は，簿記では取引ではない。倉庫が焼失したとか商品が盗まれたという事象は日常用語では取引といわないが，簿記では取引である。どこが異なるかといえば，企業の財産が増えたり減ったりする事象かどうかが決め手である。つまり，取引とは企業の財産が増加したり減少する出来事であると定義することができる。

1-4　簿記の目的

　簿記は，日々の取引を（会計）帳簿に一定のルールで記録し，一定期間についてこれを集計して企業の経理内容を明らかにする。経理内容は，財務諸表として外部に公表される。帳簿に記録されたものは管理目的にも活用される。

　簿記の目的をまとめると次のようになる。

①企業の財産の変動やその在高を記録することによって，**財産管理**を行う。

②企業の財政状態を明らかにする。

③企業の経営成績を明らかにする。

【練 習 問 題】

[１] 次の空欄に適当な語句を入れて，文章を完成させなさい。

① 簿記とは， a の技術である。

② 簿記の対象は b である。

③ 簿記の最終成果物（アウトプット）は c である。

④ 簿記の手順を簡単に示すと次のようになる。

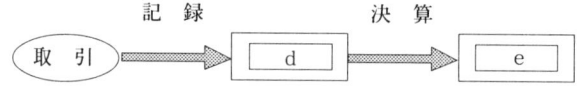

⑤ 企業で行われた経済的な事象（出来事）を記録する場合，一定のルールに従って記録する方法で，１つの事象を二面的に把握する方法を f 簿記と呼んでいる。

a		b		c		d	
e		f					

[２] 次の事象のうち，簿記上の取引となるものは「○」を，そうでないものは「×」を解答欄に記入しなさい。

a　倉庫が火災で焼失した。

b　パソコンを購入し，代金は月末に支払うことにした。

c　店舗の賃貸借契約をした。

d　店の商品が盗難にあった。

e　商品の注文を約束した。

f　購入した商品の一部に欠陥があったので，返品した。

g　従業員が前借りをした。

h　従業員に給料を支払った。

a	b	c	d	e	f	g	h

2　財務諸表とは

　企業の経理内容は財務諸表という形で作成され，企業に資金を提供する株主や債権者などのステークホルダー（利害関係者）に公表される。財務諸表は一定期間（例えば，1年とか半年）の企業の活動を凝縮したもの，要約したものである。この一定期間のことを**会計期間**と呼んでいる。

　通常，財務諸表というと，貸借対照表と損益計算書のことを指している。貸借対照表（B/S：Balance Sheet）はある一定時点における財政状態を表したもので，企業の資金を二面的に表示する。一方，損益計算書（P/L：Profit and Loss Statement or Income Statement）はある一定期間の経営成績を表し，利益がどのようにして発生したのかを説明する。

2−1　貸借対照表とは

　貸借対照表は，一定時点の**財政状態**を表示している。財産状態ではない。企業の資金を二面的に捉える。つまり，資金の調達源泉形態と資金の使途運用形態である。資金をどこから調達したかという観点からは，負債と純資産（資本）に区分される。資金をどのような形で所有しているかという観点から見た場合に資産となる。これら三者の関係を示すと，図2のようになる。

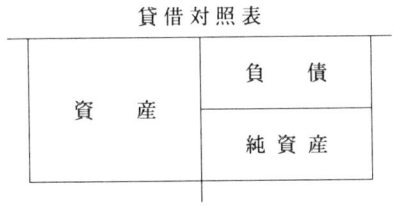

図2　貸借対照表のフォーム

資金をどのような観点から見ようと，資金の大きさ自体は変わらないから，次の関係式が成り立つ。

$$資産 = 負債 + 純資産（資本）$$

上の関係式を**貸借対照表等式**という。この等式はどの時点においてもいつも成り立つ。

簿記では，左側を**借方**（かりかた），右側を**貸方**（かしかた）と呼んでいる。借方に表示されるのが資産である。**資産**（asset）は，一般に財産と考えられているものであり，現金，預金，売掛金（商品を販売したときの未収金），土地，建物，有価証券（株式，国債など）などがある。これに対して，貸方には負債と純資産が表示される。**負債**（liability）は，仕入先や銀行などの債権者から調達された資金で，将来返済義務を負う債務である。一般に借金に相当する。この中には買掛金（商品の仕入れに伴って発生する未払い金），借入金，社債などが含まれる。**純資産**は，主に株主から調達された資金で返済する必要がない。この中には，資本金のほかに過去に獲得した利益の積立金，当期に獲得した純利益が含まれる。

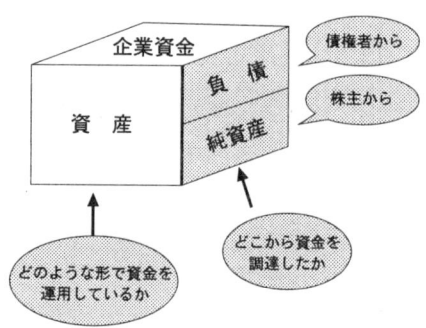

図3　企業資金の二面性

図3は，貸借対照表を視覚的に描いたものである。なお，資産，負債，純資産に含まれる各項目の説明については表1を参照されたい。

具体的な項目を含めて貸借対照表を作成すると，次のようになる（項目は代表的なものに限定し，金額は故意に小さくしている）。

貸借対照表
平成○年12月31日　　　　　　（単位：円）

資産	金額	負債及び純資産	金額
現　　　　金	58,600	買　　掛　　金	64,600
売　掛　　金	67,200	借　　入　　金	120,000
商　　　　品	125,500	資　　本　　金	1,000,000
建　　　　物	580,000	当 期 純 利 益	46,700
備　　　　品	400,000		
合　　　　計	1,231,300	合　　　　計	1,231,300

表1　貸借対照表項目の説明

<資産>
現　　　　金………手持ちの通貨で，外国通貨を含む。
預　　　　金………当座預金（銀行に預け入れられた現金で，小切手で振り出すことができる，無利息である），普通預金，定期預金などがある。
受 取 手 形………主に商品を販売した代金として手形（約束手形，為替手形がある）を受け取ったときに用い，支払手段として用いることができる。
売　掛　　金………商品を信用販売したときの未収額。「商品を掛け売りする」とか，「商品を掛けで販売する」というふうに用いる。
貸　付　　金………借用証書をとって，資金を融通したときに用いる。
未　収　　金………商品以外の財貨を売却したときの未収額。
有 価 証 券………一時的な投資を目的として所有される株式，社債，公債など。
商　　　　品………販売を目的として所有される財貨。業種により，その内容は異なる。
建　　　　物………営業用，製造用の建物・倉庫など。
車両運搬具………営業用の乗用車，トラック，バイクなど。
備　　　　品………営業用の机，椅子，パソコン，コピー機など。
そ　の　　他………土地，機械，特許権，営業権，意匠権，電話加入権など。

<負債>
買　掛　金………商品を代金後払いの条件で購入したときの未払額。「商品を掛け買いする」とか，「商品を掛けで仕入れる」というふうに用いる。
支 払 手 形………主に商品を購入した代金として手形（約束手形，為替手形がある）を振り出したときなどに用い，満期日に支払われる。
未　払　金………商品以外の財貨を買入れたり，サービスを受け入れたりした場合に，その代金を後払いするときに用いる。
借　入　金………借用証書を提出して，資金の融通を受けたときに用いる。
その他の負債………社債，各種の引当金など。

<純資産>
資　本　金………企業主（株主・店主）が企業に元入れ（または出資）した資金で，この資金がいわば，企業活動を行うための元手となる。開業するとき，追加元入れ（または増資）を行うときに増加し，店主引き出しや減資を行うときに減少する。
未処分利益………おもに当期純利益からなり，次期の株主総会においてその処分が確定する。
その他の純資産………各種の利益積立金，利益準備金など。

　ある会計期間の初め（これを期首という）の純資産の金額と会計期間の終わり（これを期末という）の純資産の金額とを比較して，期末の純資産が増えていればそれが純利益である（ただし，その期間中に増資や減資がなかったものとする）。この関係を示したのが次の式である。

$$純利益 = 期末純資産 - 期首純資産$$

この純利益の計算を**財産法**と呼んでいる（後述する損益法と比較しなさい）。
　先ほど，貸借対照表等式はいつの時点でも成り立つと述べたが，そのためには次の条件を満たすことが必要である。

　　　　　① 資産の増加 ──── 資産の減少
　　　　　② 資産の増加 ──── 負債の増加
　　　　　③ 資産の増加 ──── 純資産の増加
　　　　　④ 負債の減少 ──── 資産の減少

⑤ 負債の減少 ――― 負債の増加
⑥ 負債の減少 ――― 純資産の増加
⑦ 純資産の減少 ――― 資産の減少
⑧ 純資産の減少 ――― 負債の増加
⑨ 純資産の減少 ――― 純資産の増加

　例えば，資産が50,000円増加したとすれば，同額の資産の減少，または負債の増加ないしは純資産の増加がなければ，貸借対照表等式は成り立たなくなる。上の9つの組み合わせは次のように整理することができる。

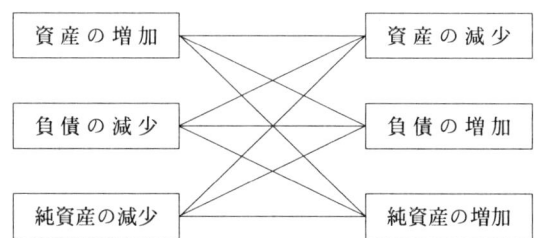

　この場合，注目できるのは資産と負債および純資産の増減が正反対であること，また負債と純資産は同じ動きを示すという点である。これは貸借対照表等式を見ると理解できよう。つまり，資産は左辺にきており負債と純資産は同じ右辺にきている。また，左側に資産の増加がきており，右側に負債と純資産の増加がきていることも同じようにして説明できる。減少はその反対側にきている。上の組み合わせの位置は重要な意味を持っている。この点についてはさらに後述する。

2－2　損益計算書とは

　損益計算書は文字通り，損益（利益または損失）を計算するためにあるが，ただ単に利益だけを示すのではなく，どのようにしてその利益が生じたのかを明らかにする。つまり，企業の総成果と努力をも示す。これが，収益と費用と呼ばれる。損益計算書は図4のように，借方側に費用，貸方側に収益が表示される。

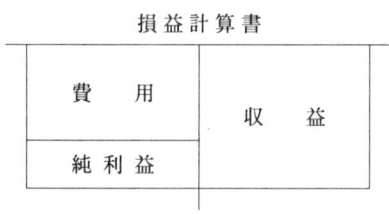

図4 損益計算書のフォーム

収益（revenue）とは，経営活動の結果として生ずる純資産の増加であり，これには資産の増加を伴う（下図）。いわゆる「儲け」に相当する。例えば，商品売買益，受取利息，固定資産売却益などがある。

費用（expense）は，経営活動によって純資産が減少することであり，資産の減少や負債の増加を伴う（下図）。一般に経費と呼ばれるものに相当し，給料，旅費交通費，支払家賃，広告宣伝費，水道光熱費，支払利息などがある。表2に，損益計算書項目の説明を示している。

ここで大切なことは，純資産が株主からの資金の追加調達（増資）や減資によって増減したのではなく，経営活動，例えば商品の売買や企業の管理運営，資産の売却などによって生じたものであるという点である。

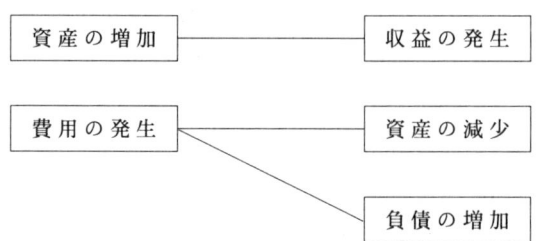

表2　損益計算書項目の説明

＜収益＞

商品売買益………商品を販売したときの売上総額と仕入原価との差額。分記法のとき。

売　　　　上………商品を販売したときの売価総額。3分法のとき。

受 取 利 息………貸付金の利息，所有する有価証券（株式を除く）の利子を受け取ったときに用いる。

受取配当金………所有する株式の配当を受けたときに用いる。

その他の収益………受取地代，有価証券売却益，固定資産売却益など。

＜費用＞

仕　　　　入………商品を仕入れたときの仕入額。3分法のとき。

給　　　　料………役員・従業員の労働の消費に対して支払われた金額。

交　通　費………交通機関を利用したときの運輸サービスの消費に対して支払われた金額

水道光熱費………水道・ガス・電気の消費に対して支払われた金額。

消 耗 品 費………ノート・帳簿・筆記具などの消耗品を消費したときの消費額。

その他の費用………広告費，支払家賃，支払利息，有価証券売却損，火災損失など。

　ある会計期間中に発生した収益と費用の差額が純利益（通常は単に利益といわれている）である。したがって，次の関係式が導き出される。この式を**損益計算書等式**という。

$$費用 + 純利益 = 収益$$

　また，純利益は次の式によって算定できる。この純利益の計算方法を**損益法**という。

$$純利益 = 収益 - 費用$$

　前出した財産法による純利益と，この損益法によって算定された純利益は必ず一致する。

　具体的な項目を含めて損益計算書を作成すると，次のようになる（項目は代表的なものに限定し，金額は故意に小さくしている）。

損益計算書
平成○年1月1日～平成○年12月31日　　（単位：円）

費用	金額	収益	金額
売上原価	311,600	売上高	488,500
給料	81,200	受取利息	22,200
支払家賃	24,200		
減価償却費	25,300		
支払保険料	16,000		
支払利息	5,700		
当期純利益	46,700		
合計	510,700	合計	510,700

2-3　貸借対照表と損益計算書の関連

　企業の主要な取引は商品売買である。この取引から主たる利益が生じる。結果的には，損益計算書は貸借対照表の純資産の会計期間における純増加額（つまり，純利益）の明細を示したもの，純利益がどのようにして生じたかを明らかにしたものということができる。

　以上からも貸借対照表の純利益は，営業活動による純資産の増加（収益の発生）と営業活動による純資産の減少（費用の発生）との最終結果が示され，そのプロセスを詳細に示すのが損益計算書であることが理解できよう。図5は両者の関係を示している。

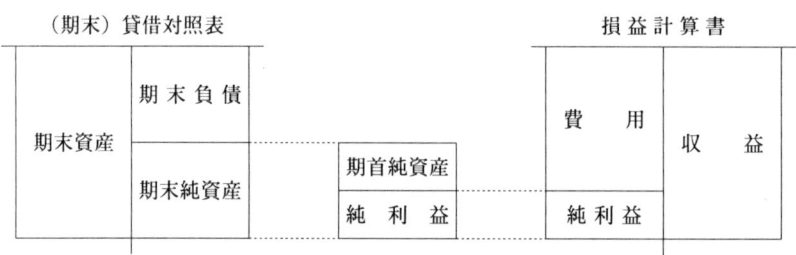

図5　貸借対照表と損益計算書の関連図

【練 習 問 題】

[3] 次の空欄に適当な語句を入れて，文章を完成しなさい。
① 貸借対照表は，一定 a における企業の b 状態を表示したものである。
② 貸借対照表は企業の資金を二面的に捉えたものである。資金の調達面と運用面である。資金の調達面は，株主からの資金と債権者からの資金に区分され，前者は c ，後者は d とよばれる。資金の運用面は e とよばれる。
③ 次の関係式は f とよばれる。
　　資　産　＝　負　債　＋　純資産（資本）

a		b		c		d	
e		f					

[4] 次の項目のうち，資産であれば（A），負債であれば（B），純資産であれば（C）の記号を解答欄に記入しなさい。
①借　入　金　②資　本　金　③現　　　金　④買　掛　金　⑤売　掛　金　⑥建　　　物
⑦銀行預金　⑧貸　付　金　⑨車両運搬具　⑩未　払　金　⑪土　　　地

①	②	③	④	⑤	⑥	⑦	⑧	⑨	⑩	⑪

[5] 次の空欄に適当な語句を入れて，文章を完成しなさい。
① 損益計算書は，一定 a における企業の b を表示したものである。
② 営業活動によって純資産が増加したものが c で，逆に純資産が減少したものが d である。
③ 次の等式によって純利益を計算する方法を e という。
　　純　利　益　＝　収　益　－　費　用

a		b		c		d		e	

[6] 次の項目のうち，費用であれば（A），収益であれば（B）の記号を解答欄に記入しなさい。
①広　告　費　②受取利息　③給　　料　④電　力　料　⑤保　険　料
⑥商品売買益　⑦支 払 家 賃　⑧受取配当金　⑨旅費交通費

①	②	③	④	⑤	⑥	⑦	⑧	⑨

[7] 次の空欄に適当な数字を入れなさい。

(単位：円)

	純 利 益	期首純資産	収　　益	期末純資産	費　用
①	285,200	2,258,750	a	b	1,056,200
②	△ c	957,400	552,660	889,360	d

△は純損失を表す

a	b	c	d

3 取引の記録

3-1 取引の要素分解

　1つの取引を**二面的**に把握する点が複式簿記の特徴である。取引を財貨（商品や備品）や資金（現金や預金）の増減，債権・債務（売掛金や買掛金，借入金）関係の発生，消滅として認識する。例えば，現金を銀行から借り入れたという取引があったとする。これはただ単に現金という資金が入ってきた（増加した）というだけにとどまらず，借入金という債務が発生した（増加した）ものとして分析される。また，事務机などの備品を現金で購入したという取引であれば，「備品という財貨の増加」と「現金という資金の減少」として把握される。

　「現金を銀行から借り入れた」という取引の場合，現金は資産であり，借入金は負債であるから，この取引は「資産の増加」と「負債の増加」の組み合わせとして要約できる。

　【例】取引「銀行から現金を借り入れた」
　　　　二面的把握　「現金という資金の増加」と「借入金という債務の発生」
　　　　要素分解　「資産の増加」と「負債の増加」

　このように，貸借対照表と損益計算書の5つの項目，つまり資産，負債，純資産，費用，収益の項目に関わらせて取引を分解することを**取引の要素分解**という。取引の要素分解は取引を帳簿に記録する準備的作業と位置づけられる。

　取引の要素分解を一般化すると，図6に示すように，取引を2つの要素に分解することである。一方の要素を**借方要素**，他方の要素を**貸方要素**という。すべての取引は，借方要素と貸方要素から構成されている。先ほどのケースでは，借方要素が「資産の増加」であり，貸方要素が「負債の増加」である。

　取引を2つの要素に分解できたらどちらが借方要素で，どちらが貸方要素であるかが確定できてはじめて要素分解が完了する。それをまとめたものが図7

15

図6　取引の要素分解

である。

　取引は8つの要素の組み合わせによって表現される。これを**取引の8要素**と呼んでいる。この組み合わせ以外には存在しない。借方要素と貸方要素の組み合わせは1対1という組み合わせとは限らず，1対2とか3対1という結合的な組み合わせの場合もある。この組み合わせにおいて，費用の発生と純資産の増加，純資産の減少と収益の発生の組み合わせは定義からして存在しない。なお，費用と収益はその増加を「発生」と呼んでいる。減少は「取り消し」である。取り消しは特殊なケースなので図では示さなかった。表3に取引の要素分解の代表例を示した。

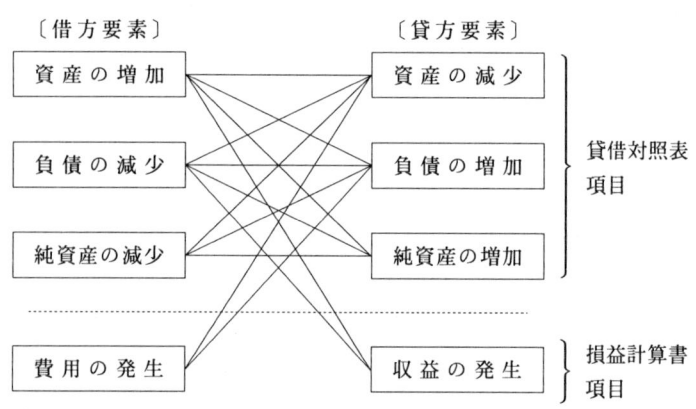

図7　取引の8要素の組み合わせ

表3 要素分解の例

取　　引	要　素　分　解	
	借　方　要　素	貸　方　要　素
① 商品を現金で仕入れた	資産（商　品）の増加	資産（現　金）の減少
② 銀行から現金を借り入れた	資産（現　金）の増加	負債（借入金）の増加
③ 商品を掛けで仕入れた	資産（商　品）の増加	負債（買掛金）の増加
④ 現金を元入れして開業した	資産（現　金）の増加	純資産（資本金）の増加
⑤ 建物を現金で購入した	資産（建　物）の増加	資産（現　金）の減少
⑥ 備品を後払いで購入した	資産（備　品）の増加	負債（未払金）の増加
⑦ 借入金を現金で返済した	負債（借入金）の減少	資産（現　金）の減少
⑧ 売掛金を現金で回収した	資産（現　金）の増加	資産（売掛金）の減少
⑨ 買掛金を現金で支払った	負債（買掛金）の減少	資産（現　金）の減少
⑩ 現金を貸し付けた	資産（貸付金）の増加	資産（現　金）の減少
⑪ 給料を現金で支払った	費用（給　料）の発生	資産（現　金）の減少
⑫ 商品を現金で販売した	資産（現　金）の増加	資産（商　品）の減少 収益（商品売買益）の発生
⑬ 貸付金の利息を現金で受け取った	資産（現　金）の増加	収益（受取利息）の発生
⑭ 広告料を現金で支払った	費用（広告料）の発生	資産（現　金）の減少
⑮ 借入金の利息を現金で支払った	費用（支払利息）の発生	資産（現　金）の減少

3－2　仕　訳

　簿記では取引を帳簿（会計帳簿）に記録するが，この帳簿には仕訳帳と元帳がある。まず，取引の要素分解に基づいて仕訳帳に仕訳し，その後に元帳に転記する。

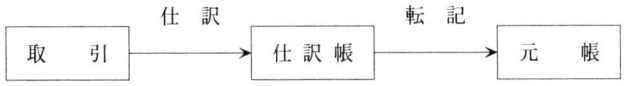

　まず，簿記上の取引を認識し，取引を二面的に分析して仕訳帳に記録する。

これを**仕訳**という。**仕訳帳**は，取引をその発生順に借方側と貸方側に分けて整理した帳簿であり，図8のような形式になっている。現金や借入金などの具体的な資産項目や負債項目毎に記録する。簿記を学習する上では，実際に仕訳帳に仕訳を行わないで，次のように略式で行うことが多い。

仕訳の形式（○○○○には資産項目などが入り，×××には金額が入る）

```
（借方）○○○○  ×××    （貸方）○○○○  ×××
または  ○○○○  ×××            ○○○○  ×××
```

※金額は借方，貸方で必ず一致する。項目は2つ以上入ることもある。

例えば，「銀行から現金500,000円を借り入れた」という取引を仕訳すれば次のようになる。

```
        （借方）現   金  500,000    （貸方）借 入 金  500,000
または         現   金  500,000            借 入 金  500,000
```

要素分解との関係を示すと次のようになる。

［要素分解］

（借方要素）　　　　　　　　　（貸方要素）

資産（現金500,000円）の増加 ──── 負債（借入金500,000円）の増加

［仕　訳］

（借方）現　　金　500,000　　（貸方）借　入　金　500,000

仕　訳　帳　　　　　　1

平成○年	摘　要	元丁	借　方	貸　方

図8　仕訳帳の形式

例題 1 平成○年 4 月の取引を仕訳（略式）しなさい。

4/1 現金2,500,000円を元入れして開業した。
 6 銀行から現金500,000円を借り入れた。
 10 商品850,000円を掛けで仕入れた。
 18 商品（仕入原価 280,000円）を380,000円で現金販売した。
 25 給料35,000円を現金で支払った。
 26 買掛金420,000円を現金で支払った。
 29 事務所の家賃12,000円を現金で支払った。
 30 借入金の利息8,000円を現金で支払った。

解 答

4/1	（借方）現　　　金	2,500,000	（貸方）資　本　金	2,500,000
6	（借方）現　　　金	500,000	（貸方）借　入　金	500,000
10	（借方）商　　　品	850,000	（貸方）買　掛　金	850,000
18	（借方）現　　　金	380,000	（貸方）商　　　品	280,000
			商品売買益	100,000
25	（借方）給　　　料	35,000	（貸方）現　　　金	35,000
26	（借方）買　掛　金	420,000	（貸方）現　　　金	420,000
29	（借方）支払家賃	12,000	（貸方）現　　　金	12,000
30	（借方）支払利息	8,000	（貸方）現　　　金	8,000

仕訳帳の「摘要」欄に仕訳が示される。借方の項目（これを勘定科目という。後述）は左に寄せて，貸方の項目は右に寄せて記入する。「元丁」欄は本来は元帳の頁数（丁数）が記載されるが，項目の番号を意味する場合が多い。仕訳の後には小書き（メモ書き）が示される。［例題］の取引の一部を仕訳帳に記録すると次のようになる。

仕　訳　帳　　　　　　　1

平成○年		摘　　要	元丁	借方	貸方
4	1	（現　　金）	1	2,500,000	
		（資　本　金）	25		2,500,000
		商品販売業を開業			
	6	（現　　金）	1	500,000	
		（借　入　金）	22		500,000
		銀行からの借り入れ			
	10	（商　　品）	5	850,000	
		（買　掛　金）	21		850,000
		商品の仕入れ			
	18	（現　　金）　諸　　口	1	380,000	
		（商　　品）	5		280,000
		（商品売買益）	35		100,000
		商品の売り上げ			

3-3　勘定への記録

　取引を要素分解した結果を，資産，負債，純資産，収益，費用の各項目ごとにその増減記録を行うと整理しやすい。そのときに用いられるのが勘定である。**勘定**は取引の結果を資産項目や負債項目ごとに整理し計算する場所または手段である。勘定の形式は次のようにT字形で表される。勘定はa/cと略される。

　　　　　勘定の形式（○○○○は勘定名，×××は金額を表す）

　　　　（借方）　　　　　○○○○　　　　　（貸方）
　　　　　　　　　　××××　　｜　　××××
　　　　　　　　　　××××　　｜　　××××

例えば，現金の増減を現金勘定に記録すると次のようになる。

現　　金

1,000,000	650,000
400,000	80,000
560,000	15,000
↑	↑
収入	支出

つまり，現金勘定の借方には収入（増加），貸方には支出（減少）が記入される。上記の場合，現金の現在高は借方の合計金額（1,960,000円）から貸方合計金額（745,000円）を差し引いた1,215,000円となる。借方の方に1,215,000円多いので借方残高となる。

しかし，あらゆる勘定がそのように記録されるわけではない。勘定記録には一定のルールがある。これを示せば図9のようになる。

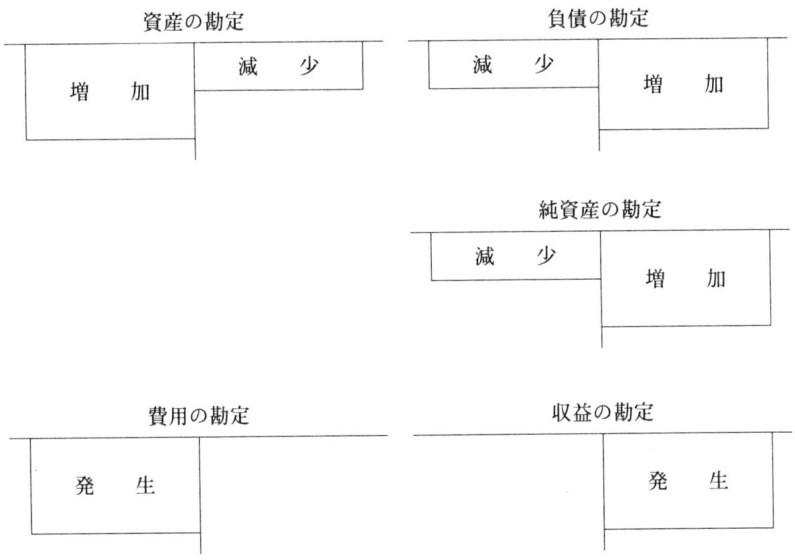

図9　勘定記録のルール

この勘定記録のルールは，取引の8要素の組み合わせと一致している。資産の増加は借方要素なので，資産勘定の借方には増加が，資産の減少は貸方要素なので資産勘定の貸方に記録される。

例題2　［例題1］の取引を勘定に記録しなさい。

解　答

現　金			
4/ 1	2,500,000	4/25	35,000
6	500,000	26	420,000
18	380,000	29	12,000
		30	8,000

資　本　金			
		4/ 1	2,500,000

借　入　金			
		4/ 6	500,000

商　品			
4/10	850,000	4/18	280,000

買　掛　金			
4/26	420,000	4/10	850,000

商品売買益			
		4/18	100,000

支払家賃			
4/29	12,000		

給　料			
4/25	35,000		

支払利息			
4/30	8,000		

3－4　転　記

仕訳した結果を勘定に記録することを**転記**という。あらゆる勘定が収められている帳簿を**総勘定元帳**または単に**元帳**という。元帳に勘定を開設することを「勘定口座を設ける」という。したがって，これまで現金や商品などを項目と呼んできたが，これを**勘定科目**と呼ぶことができる。

転記の仕方は基本的には勘定記入のルールと同じであるが，次のように，日付と相手勘定科目を記入する。

［取引例］　4/10　商品850,000円を掛けで仕入れた
［仕　訳］　4/10　（借方）商　　品　　850,000　　（貸方）買掛金　　850,000
［転　記］

商　　品	買　掛　金
4/10 買掛金　850,000	4/10 商　品　850,000

　もし，相手勘定科目が2つ以上あれば，「**諸口（しょくち）**」とする。相手勘定科目を記入することによって，ミスを発見しやすくなり，帳簿の一部が紛失しても復元できる可能性が高まる。

例題3　［例題1］の仕訳の結果を勘定に転記しなさい。

解　答

現　　金
4/1　資本金 2,500,000	4/25 給　料　35,000
6　借入金　500,000	26 買掛金　420,000
18　諸　口　380,000	29 支払家賃 12,000
	30 支払利息　8,000

資　本　金
	4/1　現　金 2,500,000

借　入　金
	4/6　現　金　500,000

商　　品
4/10 買掛金　850,000	4/18 現　金　280,000

買　掛　金
4/26 現　金　420,000	4/10 商　品　850,000

商品売買益
	4/18 現　金　100,000

支払家賃
4/29 現　金　12,000	

給　　料
4/25 現　金　35,000	

支払利息
4/30 現　金　8,000	

元帳の形式には図10に示すように標準式と残高式がある。標準式はT字形の勘定形式に倣ったものであり，残高式は取引毎に残高（現在高）を明らかにする形式になっている。実務上は残高式が採用されることが多い。元帳の「摘要」欄には相手勘定科目が記入され，「仕丁」欄には該当する仕訳帳の頁番号（丁数）が記入される。この記入によってすぐに仕訳帳を参照できるようになっている。

［標準式］

平成○年	摘要	仕丁	借方	平成○年	摘要	仕丁	貸方

［残高式］

平成○年	摘要	仕丁	借方	貸方	借／貸	残高

図10　（総勘定）元帳の形式

例えば，［例題1］の取引例の一部（4/1と4/18のみ）を元帳に記録すると次のようになる。

現　　金　　　　　　　　1

平成○年		摘要	仕丁	借方	平成○年	摘要	仕丁	貸方
4	1	資本金	1	2,500,000				
	18	諸口	〃	380,000				

商　　　品 5

平成〇年	摘　要	仕丁	借　方	平成〇年	摘　要	仕丁	貸　方
				4	18	現　金	1	280,000

資　本　金 25

平成〇年	摘　要	仕丁	借　方	平成〇年	摘　要	仕丁	貸　方
				4	1	現　金	1	2,500,000

商品売買益 35

平成〇年	摘　要	仕丁	借　方	平成〇年	摘　要	仕丁	貸　方
				4	18	現　金	1	100,000

　また，元帳と仕訳帳との関係を例示すると図11のようになる。ここで，仕訳帳の元丁欄と元帳の仕丁欄が連動していることがわかる。

取引例；5/27 銀行から50,000円を借り入れた。

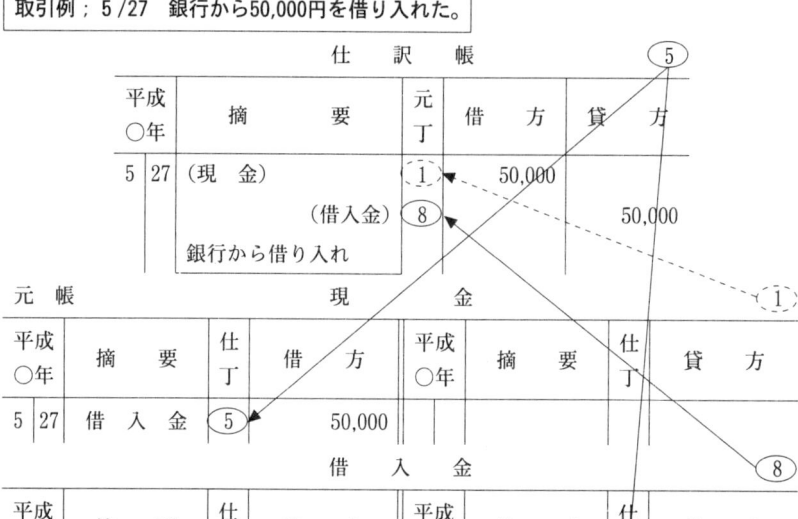

図11 仕訳帳と元帳との関係

【練習問題】

[８] 次の取引を借方要素と貸方要素に分解した場合，解答群の組み合わせのどれになるか，番号で答えなさい。

① 現金200,000円を元入れして開業した。
② 銀行から現金50,000円を借り入れた。
③ 営業用乗用車100,000円を現金で購入した。
④ 商品60,000円を掛けで仕入れた。
⑤ 給料15,000円を現金で支払った。
⑥ 借入金10,000円を現金で返済した。
⑦ 50,000円で仕入れた商品を72,000円で掛け売りした。
⑧ 備品25,000円を購入し，代金は月末に支払うことになっている。(「未払金」(負債))
⑨ 当期分の電気代2,800円を現金で支払った。
⑩ 買掛金35,000円を現金で支払った。
⑪ 借入金の利息2,200円を現金で支払った。

　　　　　借方要素　　貸方要素　　　　　　　借方要素　　貸方要素
　ア．資産の増加－資産の減少　　　イ．資産の増加－負債の増加
　ウ．資産の増加－純資産の増加　　エ．負債の減少－資産の減少
　オ．負債の減少－負債の増加　　　カ．負債の減少－純資産の増加
　キ．純資産の減少－資産の減少　　ク．純資産の減少－負債の増加
　ケ．純資産の減少－純資産の増加　コ．費用の発生－資産の減少
　サ．資産の増加－収益の発生　　　シ．費用の発生－負債の増加
　ス．資産の増加－資産の減少及び収益の発生

①	②	③	④	⑤	⑥	⑦	⑧	⑨	⑩	⑪

[9] 次の仕訳から取引を推定しなさい。

① （借方）買　掛　金　　250,000　　（貸方）現　　　　金　250,000
② （借方）売　掛　金　　520,000　　（貸方）商　　　　品　410,000
　　　　　　　　　　　　　　　　　　　　　商品売買益　110,000
③ （借方）車両運搬具　　950,000　　（貸方）現　　　　金　100,000
　　　　　　　　　　　　　　　　　　　　　未　払　金　850,000
④ （借方）商　　　品　　180,000　　（貸方）買　掛　金　100,000
　　　　　　　　　　　　　　　　　　　　　現　　　　金　 80,000

①
②
③
④

[10] 藤沢商店は4／1に現金200,000円を元入れして商品売買業を開業した。4月の取引を仕訳しなさい。

　4／5　銀行から現金60,000円を借り入れた。
　　 6　営業用自動車50,000円を現金で購入した。
　　 9　商品62,000円を掛けで仕入れた。
　　12　商品（仕入原価40,000円）を52,000円で売り上げ、代金を現金で受け取った。
　　14　借入金のうち35,000円を現金で返済した。

16 商品（仕入原価18,000円）を25,000円で掛け売りした。
23 借入金の利息1,800円を現金で支払った。
25 給料7,000円を現金で支払った。
28 買掛金30,000円を現金で支払った。
29 売掛金18,000円を現金で回収した。
30 当期分の電気代1,250円を現金で支払った。

4/1	（借方）	（貸方）	
5	（借方）	（貸方）	
6	（借方）	（貸方）	
9	（借方）	（貸方）	
12	（借方）	（貸方）	
14	（借方）	（貸方）	
16	（借方）	（貸方）	
23	（借方）	（貸方）	
25	（借方）	（貸方）	
28	（借方）	（貸方）	
29	（借方）	（貸方）	
30	（借方）	（貸方）	

[11] 藤沢商店の上記の取引を勘定に転記しなさい。ただし，相手勘定科目も記録すること。

現　　金	借　入　金
	資　本　金

車両運搬具		買　掛　金

商　　品		商品売買益

売　掛　金		支 払 利 息

給　　料		水道光熱費

[12] 次の仕訳帳の記録に基づき，①総勘定元帳（一部）に転記しなさい。②仕訳帳の元丁欄に記入しなさい。

仕　訳　帳　　　　　　　　1

平成○年		摘　　　　要	元丁	借　方	貸　方
4	1	（現　　金）		3,000,000	
		（資　本　金）			3,000,000
		開業			
	12	（商　　品）		180,000	
		（買　掛　金）			180,000
		商品仕入れ			
5	9	（現　　金）　諸　　口		220,000	
		（商　　品）			150,000
		（商品売買益）			70,000
		商品の売り上げ			

3 取引の記録 ● 29

現　　　金　　　　　　　　　　　1

平成○年	摘　要	仕丁	借　方	平成○年	摘　要	仕丁	貸　方

商　　　品　　　　　　　　　　　5

平成○年	摘　要	仕丁	借　方	平成○年	摘　要	仕丁	貸　方

買　掛　金　　　　　　　　　　　20

平成○年	摘　要	仕丁	借　方	平成○年	摘　要	仕丁	貸　方

資　本　金　　　　　　　　　　　25

平成○年	摘　要	仕丁	借　方	平成○年	摘　要	仕丁	貸　方

商 品 売 買 益　　　　　　　　　35

平成○年	摘　要	仕丁	借　方	平成○年	摘　要	仕丁	貸　方

4　記録の集計

　取引の記録は日常的に行われる作業であるが，ある一定期間の記録を集計して記録の正確性を確認したり，取引の規模を見たり，決算を行って財務諸表を作成したりすることがある。その時，集計に利用される計算表を**試算表**(TrialBalance：T/B) という。つまり，試算表は，一定期間の勘定記録の集計表である。集計期間の単位によって年計表，月計表，週計表，日計表がある。

元　　帳　——集　計——→　試　算　表

　試算表にはすべての勘定の借方合計金額と貸方合計金額を記載する合計試算表，各勘定の残高のみを記載する残高試算表，合計金額と残高の両者を記載する合計残高試算表がある（形式は図12を参照）。

合　計　試　算　表
平成○年12月31日

借　方	勘 定 科 目	貸　方

残　高　試　算　表
平成○年12月31日

借　方	勘 定 科 目	貸　方

合　計　残　高　試　算　表
平成○年12月31日

借 方 残 高	借 方 合 計	勘　定　科　目	貸 方 合 計	貸 方 残 高

図12　試算表の様式

試算表の構造は図13のようになっている。これによって，貸借対照表と損益計算書に分解することができる（ただし決算前）。試算表は，勘定記録の正確性をチェックする手段であるが，これをすべての勘定の借方合計金額はすべての勘定の貸方合計金額に等しいとする仕組みによって行う。個々の取引を該当する勘定の借方と貸方とにそれぞれ同じ金額で記録するから，すべての勘定の借方と貸方も当然等しくなるのである。これを**貸借平均の原理**という。ただし，試算表によるチェックは仕訳や転記の正確性を保証するものではない。誤って仕訳しても簿記の記帳ルールに従って仕訳していれば，その誤りをこの原理では発見できない。

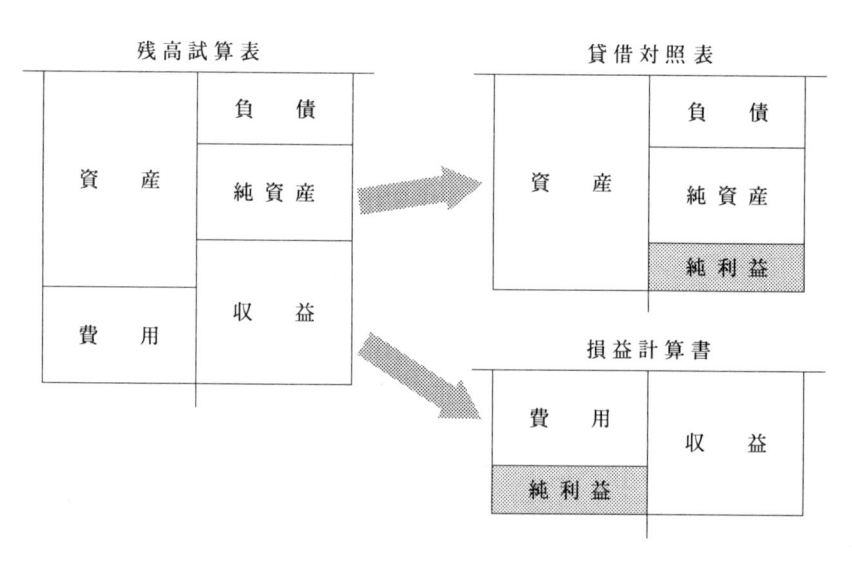

図13　残高試算表の構造

例題4 次の勘定記入の結果（日付，相手勘定科目は省略）に基づいて合計試算表，残高試算表，および合計残高試算表を作成しなさい。

［勘定記入］

現　　金		資　本　金		借　入　金	
800,000	200,000		800,000		300,000
300,000	150,000				
130,000	50,000	備　　品		給　　料	
220,000	25,000	150,000		42,000	
	42,000				
	28,000	商　　品		売　掛　金	
	8,000	200,000	120,000	170,000	220,000
	190,000	350,000	320,000	300,000	

買　掛　金		水道光熱費		商品売買益	
190,000	300,000	25,000			50,000
					110,000

支払家賃		支払利息	
28,000		8,000	

解　答

合　計　試　算　表

借　方	勘定科目	貸　方
1,450,000	現　　　金	693,000
470,000	売　掛　金	220,000
550,000	商　　　品	440,000
150,000	備　　　品	
190,000	買　掛　金	300,000
	借　入　金	300,000
	資　本　金	800,000
	商品売買益	160,000
42,000	給　　　料	
28,000	支払家賃	
25,000	水道光熱費	
8,000	支払利息	
2,913,000	合　　　計	2,913,000

残　高　試　算　表

借　方	勘定科目	貸　方
757,000	現　　　金	
250,000	売　掛　金	
110,000	商　　　品	
150,000	備　　　品	
	買　掛　金	110,000
	借　入　金	300,000
	資　本　金	800,000
	商品売買益	160,000
42,000	給　　　料	
28,000	支払家賃	
25,000	水道光熱費	
8,000	支払利息	
1,370,000	合　　　計	1,370,000

合計残高試算表

借方残高	借方合計	勘定科目	貸方合計	貸方残高
757,000	1,450,000	現　　　　金	693,000	
250,000	470,000	売　掛　金	220,000	
110,000	550,000	商　　　　品	440,000	
150,000	150,000	備　　　　品		
	190,000	買　掛　金	300,000	110,000
		借　入　金	300,000	300,000
		資　本　金	800,000	800,000
		商 品 売 買 益	160,000	160,000
42,000	42,000	給　　　　料		
28,000	28,000	支 払 家 賃		
25,000	25,000	水 道 光 熱 費		
8,000	8,000	支 払 利 息		
1,370,000	2,913,000	合　　　計	2,913,000	1,370,000

【練習問題】

[13] (1)平成○年度の次の勘定記入の結果に基づいて解答欄の合計試算表，残高試算表を作成しなさい。日付，相手勘定科目は省略している。

[勘定記入]

```
        現      金                         商      品
    150,000    120,000                   80,000     50,000
     80,000     18,000                  150,000    110,000
    100,000      5,000                   40,000     60,000
     50,000     80,000
    150,000      6,000                    資   本   金
                75,000                              400,000


        売   掛   金                      買   掛   金
    220,000    100,000                  120,000    200,000
    180,000    150,000                   80,000    150,000
     40,000                                         40,000
```

34

給　　料
75,000

商品売買益
30,000
70,000
30,000

広　告　費
18,000

建　　物
300,000

支　払　利　息
6,000

交　通　費
5,000

借　入　金
150,000

合 計 試 算 表
平成○年12月31日

借　方	勘 定 科 目	貸　方
	現　　　金	
	売　掛　金	
	商　　　品	
	建　　　物	
	買　掛　金	
	借　入　金	
	資　本　金	
	商品売買益	
	給　　　料	
	広　告　費	
	交　通　費	
	支 払 利 息	
	合　　　計	

残 高 試 算 表
平成○年12月31日

借　方	勘 定 科 目	貸　方
	現　　　金	
	売　掛　金	
	商　　　品	
	建　　　物	
	買　掛　金	
	借　入　金	
	資　本　金	
	商品売買益	
	給　　　料	
	広　告　費	
	交　通　費	
	支 払 利 息	
	合　　　計	

4 記録の集計

(2) 上記の残高試算表から貸借対照表と損益計算書を作成しなさい。

貸 借 対 照 表

平成○年12月31日 （単位：円）

資　産	金　額	負債および純資産	金　額
		純　利　益	
合　計		合　計	

損 益 計 算 書

平成○年1月1日～平成○年12月31日　　（単位：円）

費　用	金　額	収　益	金　額
純　利　益			
合　計		合　計	

5　帳簿組織

　これまで，（会計）帳簿として仕訳帳と（総勘定）元帳について説明してきたが，企業はこれ以外にも数冊あるいは数十冊の帳簿を持っている。どのような帳簿を用いて体系だった取引の記録を行うかを問題とすることを帳簿組織という。帳簿をまとめると次のように示すことができる。

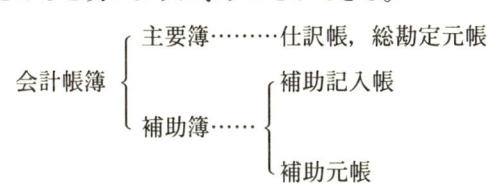

$$
会計帳簿
\begin{cases}
主要簿 \cdots\cdots 仕訳帳, 総勘定元帳 \\
補助簿 \cdots\cdots
\begin{cases}
補助記入帳 \\
\\
補助元帳
\end{cases}
\end{cases}
$$

　補助記入帳は取引を発生順に詳細に記録する補助簿である。例えば，商品を現金で売り上げたという場合，仕訳帳では示すことのできない情報（得意先名，商品名，数量，価格など）を売上帳に記録する。現金出納帳，小口現金出納帳，当座預金出納帳，仕入帳，売上帳，手形記入帳などが補助記入帳である。

　補助元帳は，総勘定元帳の特定の勘定について商品別や得意先・仕入先別に記録する補助簿であり，総勘定元帳の勘定が親勘定，補助元帳の各勘定は子勘定という関係にある。また，総勘定元帳の勘定は補助元帳の勘定を統括するので，統括勘定とか**統制勘定**といわれる。補助元帳の例として，商品有高帳，得意先元帳（売掛金元帳），仕入先元帳（買掛金元帳）などがある。図14は総勘定元帳と補助元帳との関係をイメージで示したものである。

　補助簿を設けることによって1つの取引の情報が複数の帳簿に分担されて記録されることになる。図15に一例をあげよう。

　なぜ，このような手数のかかる作業をするのだろうか。補助簿にも記録する利点としては次の点をあげることができる。

　①記録をいくつかの部署で分担して行うので，記録の誤謬の発見や不正の防

止と発見に役立つ。

②財産の正確な保全に役立つ。

③経営管理に必要な基礎データが収集できる。

例えば,「商品を掛けで仕入れた」取引では,主要簿の他に仕入帳,商品有高帳,買掛金元帳にも記入される。また,「現金で商品を売り上げた」取引では,売上帳,現金出納帳,商品有高帳にも記入される。

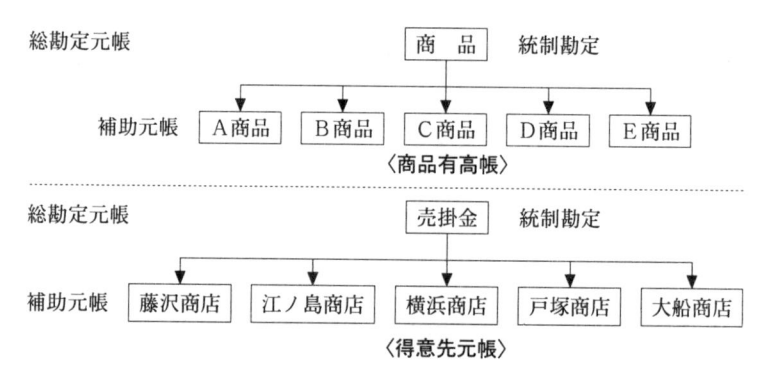

図14 主要簿と補助簿の関係①

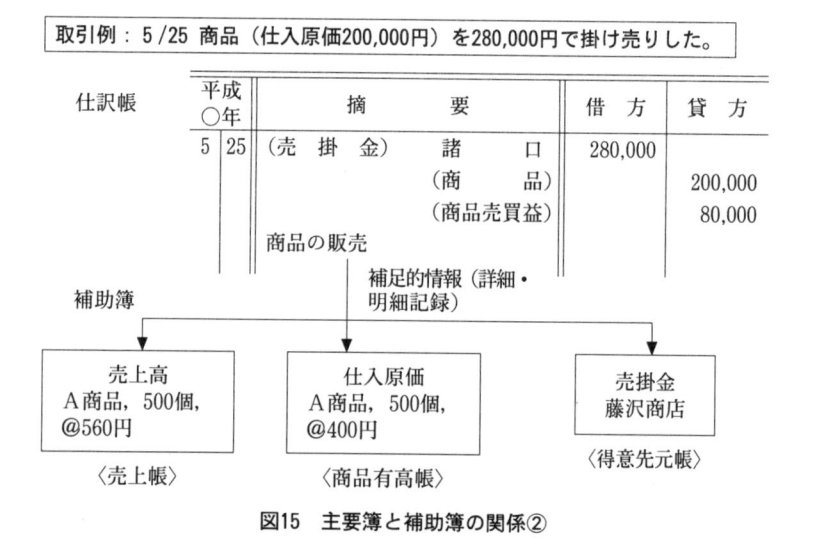

図15 主要簿と補助簿の関係②

以上までで，簿記の手続きに関する一連の流れを解説したことになる。つまり，簿記上の取引を認識し，それをまず仕訳帳に仕訳し，補助簿や元帳に記録（または転記）し，決算などの一定の日にこれらを集計して試算表を作成し，これに基づいて決算を行い損益計算書と貸借対照表を作成するという手順である。この一連の流れのことを**簿記一巡の手続き**という（図16を参照）。なお，決算の具体的な手順については第Ⅲ部で解説する。

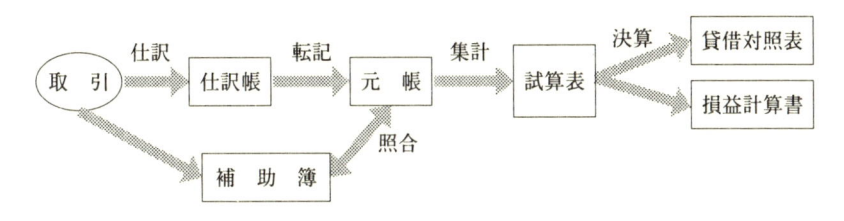

図16　簿記一巡の手続き

【練習問題】

[14] (1)次の□のなかに適当な語句を入れなさい。

① 帳簿には，主要簿と補助簿がある。主要簿は，仕訳帳と元帳に区分され，補助簿は，補助記入帳と補助元帳に区分される。補助記入帳は，特定のタイプの取引を日付順に明細記録した帳簿で，｜ a ｜，｜ b ｜などがそうである。補助元帳は，特定の勘定の内訳明細を示したもので｜ c ｜，｜ d ｜などがある。総勘定元帳と補助元帳とは，親勘定と子勘定という関係になる。

② 1つの取引を記録担当者の異なる複数の帳簿に記録するメリットは誤謬の発見と｜ e ｜にある。

(2) 商品を掛けで仕入れた場合にどのような補助簿に記録されるか。次の中から選びなさい。
　　現金出納帳，仕入帳，売上帳，売掛金元帳，買掛金元帳，商品有高帳

(1)
a	b	c
d	e	

(2)

第Ⅱ部
取 引 編

6　商品の売買取引

6－1　商品売買の処理方法

　商企業の経営において，商品の売買取引が最も重要で頻繁に発生する取引である。経営活動の核心は，商品の売買取引である。この商品売買からのもうけが主たる利益となるからである。したがって，この取引の会計処理をマスターすることが肝要である。実は，この会計処理の方法はこれまで行ってきた方法以外にも，いろいろな方法がある。その代表的なものだけを示すと次のようになる。

$$\left\{\begin{array}{l}（損益）分記法\\ 総記法\\ 勘定分割法\left\{\begin{array}{l}3分法\\ 5分法　など\end{array}\right.\end{array}\right.$$

①分記法

　分記法または損益分記法は，商品の売買取引を基本的には商品勘定で処理し，商品の販売では仕入原価と販売価額の差額を商品売買益勘定で処理する。これまで採用してきた商品売買処理の方法である。

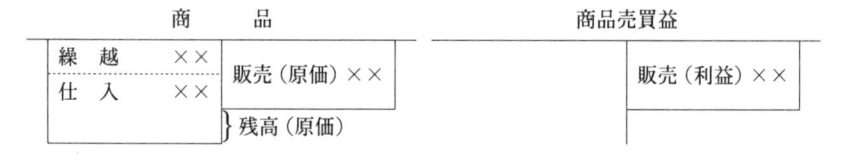

商　　品		商品売買益
繰　越　××　｜販売（原価）××　｜｜残高（原価）	仕　入　××	販売（利益）××

　この方法は簿記を学習する上では理解しやすい方法であるが，実際的ではない。というのは，商品の販売のつど，販売した商品の仕入原価を知る必要があるからである。1日にわずかの販売しかなく，1個1個の原価を把握できる高級宝石店や骨董品店などでは採用できるが，1日に何回もしかも膨大な量が販

売される小売店，スーパー，百貨店では不可能である。それがたとえできたとしても，販売した商品の仕入原価が確定するまで仕訳を待たねばならない。

例題5　次の取引を分記法で仕訳しなさい。
①商品350,000円を掛けで仕入れた。
②商品（仕入原価350,000円）を445,000円で掛け売りした。

解　答
①（借方）商　　　品　　350,000　　（貸方）買　掛　金　　350,000
②（借方）売　掛　金　　445,000　　（貸方）商　　　品　　350,000
　　　　　　　　　　　　　　　　　　　　　　商品売買益　　 95,000

②総記法

総記法は，商品の売買を商品勘定だけで処理する方法である。つまり，商品を仕入れたときには商品勘定の借方に仕入原価で記入し，商品を売り上げたときには商品勘定の貸方に売価で記入する（次の勘定記入を参照）。商品勘定は借方残高のことも貸方残高のこともある。

```
            商       品
     ┌─────────────┬─────────────┐
     │ 繰　越（原価）│             │
     ├─────────────┤ 販売（売価） │
     │ 仕入高（原価）│             │
     └─────────────┴─────────────┘
```

もし期首と期末に商品在庫がなければ（つまり当期に仕入れた商品がすべて販売できれば），商品勘定の残高は商品売買益（の当期の累計額）を表すことになる。しかし，期末に商品在庫が存在すれば，商品勘定の残高は何の意味ももたない。商品売買益を算出するには次の手続きが必要になる。
①商品の期末在庫高（または期末商品棚卸高）を調査する。
②期末在庫高を商品勘定の貸方に記入する。

③商品勘定の残高を求める。この金額が商品売買益の累計額（または売上総利益）である。

例題6 ［例題5］の取引を総記法で仕訳しなさい。

解 答

① （借方）商　　　品　350,000　（貸方）買　掛　金　350,000
② （借方）売　掛　金　445,000　（貸方）商　　　品　445,000

例題7 総記法によって商品の売買処理を行ったときの商品勘定への記帳を示したものである。期末商品在庫高が18,000円であったとき、当期の売上総利益はいくらになるか。

```
             商      品
  前期繰越  12,000 │ 売 掛 金  60,000
  買 掛 金  60,000 │    〃    102,000
      〃    96,000 │    〃     45,000
```

解 答

商品勘定の残高（貸方残高）＝貸方合計207,000円－借方合計168,000円
　　　　　　　　　　　　　＝39,000円
当期の売上総利益　39,000円＋期末在庫高18,000円＝57,000円

③ 3分法

　勘定分割法には3分法、5分法などがあるが、ここでは代表的な処理方法である3分法について解説する。3分法は商品売買を3つの勘定で処理する方法である。つまり、**仕入勘定**、**売上勘定**、**繰越商品**勘定を用いて処理する。それぞれの勘定の役割は次のように分担される。

┌─ 仕　入　勘　定（費用勘定）………商品を仕入れたときに用いる。
│　 売　上　勘　定（収益勘定）………商品を売り上げたときに用いる。
└─ 繰越商品勘定（資産勘定）………商品の期首と期末の在庫高を記録する。
これを仕訳で示せば次のようになる。

・商品を仕入れたときの仕訳
　　（借方）仕　　　　入　××××　　（貸方）買掛金など　　××××
・商品を販売したときの仕訳
　　（借方）売掛金など　××××　　（貸方）売　　　　上　　××××

また，勘定記入の形式で示せば次のようになる。

繰越商品		仕入	
前期繰越　×××		当期仕入高　×××	

売上	
	当期売上高　×××

　繰越商品勘定には期首と期末の在庫高（期首商品棚卸高と期末商品棚卸高）のみが記録されるだけなので，日常的な商品売買では仕入勘定と売上勘定だけを用いて処理する。繰越商品勘定は決算の時にのみ処理される。商品別の日々の増減は商品有高帳によって把握される。

　3分法では，分記法を採用するときの制約（商品を売り上げたつど，その仕入原価がわからないといけないという制約）がないので，スーパーや百貨店でも採用できるし，他の業種でも一般に採用されている。

　また，分記法が商品売買益の純額のみを損益計算書に表示するのに対して，3分法は売上高と売上原価の差額として商品売買益の源泉を総額で明らかにする点ですぐれている。この情報を用いて，売上総利益率とか売上原価率を知ることができる。

　3分法では，通常は日々の取引の中で商品売買益を直接算定することはできない。決算において期間中の商品売買益の総額（つまり売上総利益）を次の公式によって算定する。

6　商品の売買取引

- 売上原価＝期首商品棚卸高＋当期商品仕入高－期末商品棚卸高
  ※当期商品仕入高とは、「純仕入高＝総仕入高－値引・返品」のことである。
- 売上総利益＝売上高－売上原価

例題8　［例題5］の取引を3分法で仕訳しなさい。

解　答
① （借方）仕　　　　入　　350,000　　（貸方）買　掛　金　　350,000
② （借方）売　掛　金　　445,000　　（貸方）売　　　　上　　445,000

6－2　売上帳と仕入帳

　商品の売上げに関する詳細な記録は売上帳に，商品の仕入に関する詳細な記録は仕入帳に行われる。売上帳には図17の記録例に示されているように，販売日，販売先名（つまり得意先名），販売した商品名，販売数量，販売価格，販売方法（掛け販売，現金販売など）が記録される。また，仕入帳には仕入日，仕入先名，仕入商品名，仕入数量，仕入原価，仕入の方法（掛けか現金かなど）が記録される。

6－3　仕入諸掛

　商品の仕入れに伴ってかかる商品本体価格以外の諸費用を仕入諸掛（しいれしょかかり）という。引取運賃，保険料，関税などがその例である。仕入諸掛は仕入原価に含めて処理する。つまり次の仕訳例のように仕入勘定で処理する。

【仕訳例】
（借方）仕　　　入　　×××　　（貸方）買　掛　金　　×××（商品代金）
　　　　　　　　　　　　　　　　　　　現　　　金　　×××（仕入諸掛）

売　上　帳

平成○年		摘　　　要			内　訳	金　額
6	15	横浜商店		掛		
		ノート	160冊	@￥120	19,200	
		鉛筆	18ダース	@￥620	11,160	30,360
	27	大宮商店		掛		
		ノート	140冊	@￥130	18,200	
		鉛筆	8ダース	@￥640	5,120	23,320
	30		総売上高			53,680

仕　入　帳

平成○年		摘　　　要			内　訳	金　額
6	11	東京商店		掛		
		ノート	200冊	@￥ 80	16,000	
		鉛筆	20ダース	@￥500	10,000	26,000
	20	新宿商店		掛		
		ノート	150冊	@￥ 82	12,300	
		消しゴム	10ケース	@￥380	3,800	
		鉛筆	10ダース	@￥520	5,200	21,300
	30		総仕入高			47,300

図17　売上帳と仕入帳の記帳例

6－4　返品・値引

＜返　品＞

　仕入れた商品や販売した商品の一部または全部が注文した商品と異なっていたり，きずや破損があったときなどに，その商品を送り返す（または送り返される）ことを返品といい，仕入戻しと売上戻りがある。

　①仕入戻し……仕入れた商品を送り返すこと。

【仕訳例】

（借方）買　掛　金　××××　　（貸方）仕　　　入　××××

②売上戻り……販売した商品が送り返されてくること。

【仕訳例】

（借方）売　　　上　××××　　（貸方）売　掛　金　××××

＜値　引＞

商品にきずや破損があったり，数量不足などのために商品代金の一部を減らすことを値引きといい，仕入値引と売上値引がある。商品の移動を伴わないという点で仕入戻しや売上戻りとは異なる。次の仕訳例にあるように，仕訳自体は返品の場合と同じである。

①仕入値引

【仕訳例】

（借方）買　掛　金　××××　　（貸方）仕　　　入　××××

②売上値引

【仕訳例】

（借方）売　　　上　××××　　（貸方）売　掛　金　××××

仕入諸掛，返品，値引きを考慮して仕入勘定と売上勘定の記帳を示せば次のようになる。

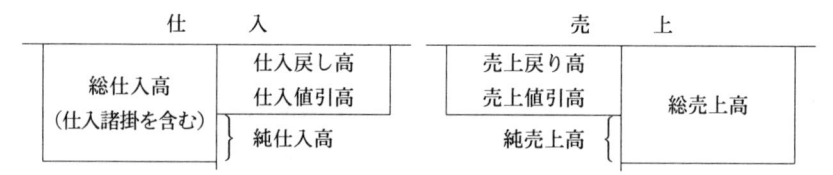

仕 入		売 上	
総仕入高 （仕入諸掛を含む）	仕入戻し高 仕入値引高	売上戻り高 売上値引高	総売上高
	純仕入高	純売上高	

また，これを公式で示せば次のようになる。

当期純仕入高＝当期総仕入高－（仕入戻し高＋仕入値引高）

当期純売上高＝当期総売上高－（売上戻り高＋売上値引高）

売　上　原　価＝期首商品棚卸高＋当期純仕入高－期末商品棚卸高

売上総利益＝当期純売上高－売上原価

|例題9| 次の取引を3分法で仕訳しなさい。

①商品250,000円を掛けで仕入れた。なお，この商品仕入に伴って生じた諸費用22,000円は現金で支払った。

②掛けで仕入れた商品の一部88,000円が，注文した商品でなかったので返品した。

③つい先日掛けで売り上げた商品について，得意先より品痛みが発見されたとの連絡を受け，45,000円の値引きを行った。

解　答

① （借方）仕　　入　　272,000　　（貸方）買　掛　金　250,000
　　　　　　　　　　　　　　　　　　　　　現　　　金　 22,000
② （借方）買　掛　金　 88,000　　（貸方）仕　　　入　 88,000
③ （借方）売　　上　　 45,000　　（貸方）売　掛　金　 45,000

仕入諸掛や返品，値引があったときの仕入帳の記入例を示すと次のようになる。

仕　入　帳

平成 ◯年		摘　　　　要		内　訳	金　額
7	5	横浜商店	掛		
		Yシャツ	280枚　@¥880	246,400	
		引取運賃　現金払い		7,000	253,400
	20	東京商店	掛		
		Tシャツ	150枚　@¥570	85,500	
		引取運賃　現金払い		2,700	88,200
	21	東京商店	掛値引		
		Tシャツ	15枚　@¥250		3,750
			総仕入高		341,600
			仕入値引高		3,750
			純仕入高		337,850

6 商品の売買取引　●　49

6-5 売上諸掛

商品を売り上げたときに，商品発送のための諸費用を売上諸掛（うりあげしょかかり）という。この売上諸掛が売り主の負担となる場合には，発送費勘定（費用）で処理する。なお，売上諸掛を買い主が負担する場合（先方・得意先負担の場合）には，売掛金に含めて処理する。立替金とする方法もある（95頁参照）。

例題10 次の取引を3分法で仕訳しなさい。

① 商品を335,000円で掛け売りした。当社負担の商品の発送に関わる諸費用28,000円を現金で支払った。

② 商品を335,000円で掛け売りした。この商品の発送に関わる諸費用28,000円（得意先負担）を現金で支払った。

解答

①	（借方）売 掛 金	335,000	（貸方）売　　　上	335,000
	発 送 費	28,000	現　　　金	28,000
②	（借方）売 掛 金	363,000	（貸方）売　　　上	335,000
			現　　　金	28,000

6-6 商品有高帳

商品別に，商品の出し入れや残高を記録する補助元帳が商品有高帳である。図18のような様式になっている。

商 品 有 高 帳
〇〇商品
（単位：個，円）

平成〇年	摘要	受入高			引渡高			残高		
		数量	単価	金額	数量	単価	金額	数量	単価	金額

図18 商品有高帳の様式

商品を仕入れたときは「受入高」欄に数量と単価と金額が記入され，商品を販売したときに「引渡高」欄に数量と単価と金額が記入される。その際に，売価で記入してはならない。あくまでも仕入原価で記入することに注意されたい。

　商品は大量に購入すると販売できるまで倉庫に保管しておかねばならないから，保管費がかかったり，保管中や品出しなどの時にきずをつけたり品痛みが起こる危険がある。そこで，何回かに分けて仕入れるのが普通である。

　また，商品は物価の変動を受けるので，常に同じ値段で購入できるとは限らない。むしろ仕入れるたびに異なるのが実状である。同じ商品であっても仕入れる時点が異なると仕入価格も異なるから，それを倉出しするときにどの時点に仕入れた単価のものを倉出ししたのかを区別しておくことは不可能である。このような場合には，一種の仮定によって計算することが行われる。

　商品を仕入れるつど，仕入価格が異なるときの処理方法として次のような仮定がある。

①先入先出法（First-In First-Out;FIFO）
　商品の仕入れた順に払い出し（販売の）仕入価格を決める方法。買入順法ともいう。

②移動平均法
　商品を仕入れるつど，その残高の平均価格（加重平均）を計算し，その平均価格を用いて払い出し価格を決定する方法。

例題11　平成〇年9月中のW商品の受け払いデータに基づいて，先入先出法と移動平均法によって商品有高帳に記録しなさい。

［データ］
9/ 1　前月繰越高　　在庫量　150個，　単　　価@80円
　 7　仕　入　れ　　購入量　350個，　仕入価格@90円
　13　売　上　げ　　販売量　220個
　22　仕　入　れ　　購入量　320個，　仕入価格@93円
　28　売　上　げ　　販売量　350個

⑥ 商品の売買取引　　51

解 答

<先入先出法>

商 品 有 高 帳　　　　（単位：個，円）

W商品

平成○年		摘要	受入高			引渡高			残高		
			数量	単価	金額	数量	単価	金額	数量	単価	金額
9	1	前月繰越	150	80	12,000				150	80	12,000
	7	仕 入	350	90	31,500				350	90	31,500
	13	売 上				150	80	12,000			
						70	90	6,300	280	90	25,200
	22	仕 入	320	93	29,760				320	93	29,760
	28	売 上				280	90	25,200			
						70	93	6,510	250	93	23,250

<移動平均法>

商 品 有 高 帳　　　　（単位：個，円）

W商品

平成○年		摘要	受入高			引渡高			残高		
			数量	単価	金額	数量	単価	金額	数量	単価	金額
9	1	前月繰越	150	80	12,000				150	80	12,000
	7	仕 入	350	90	31,500				500	87	43,500
	13	売 上				220	87	19,140	280	87	24,360
	22	仕 入	320	93	29,760				600	90.2	54,120
	28	売 上				350	90.2	31,570	250	90.2	22,550

以上の計算結果をまとめると次のようになる。

	先入先出法	移動平均法
売上原価	50,010円	50,710円
月末在庫高	23,250円	22,550円

売上原価とは，販売された商品の仕入原価合計であり，商品有高帳の引渡欄の金額を合計して求められる。モノの流れからすれば先入先出法が採用される

ように思われるが，これらの仮定のどれかの選択を自由に認めていることを考えれば，モノの流れと価値（コスト）の流れとは一致しなくともよいということである。

先入先出法，移動平均法のどちらの仮定を採用しようとも，結果としては，次のような仕組みで原価を配分していることになる。

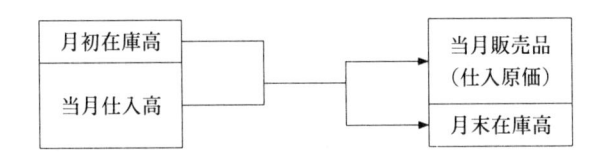

```
┌─────────┐       ┌─────────┐
│ 月初在庫高 │──┐   │ 当月販売品 │
├─────────┤  ├──→│ （仕入原価）│
│ 当月仕入高 │──┤   ├─────────┤
└─────────┘  └──→│ 月末在庫高 │
                  └─────────┘
```

【練 習 問 題】

[15] 次の取引を3分法によって仕訳しなさい。
 ①商品550,000円を掛けで仕入れた。
 ②商品を425,000円で売り上げ，代金は掛けとした。

	借　　　方	貸　　　方
①		
②		

[16] 次のデータによって勘定に必要な記入を行いなさい。
　　データ①期首商品棚卸高　　58,000円
　　　　②当　期　仕　入　高　　826,000円
　　　　③当　期　売　上　高　1,218,600円

繰　越　商　品	仕　　　　入	売　　　　上

6 商品の売買取引　53

[17] 当社は商品売買の取引を次のように分記法で処理していた。

6/3 （借）商　　　品　280,000　（貸）買　掛　金　280,000
12　（借）現　　　金　150,000　（貸）商　　　品　180,000
　　　　売　掛　金　100,000　　　　商品売買益　 70,000

これらの取引を3分法によって仕訳しなさい。

	借　　　方	貸　　　方
6/3		
/12		

[18] 次の空欄a～dに適当な数値を入れなさい（単位は円）。

	売上原価	期首商品棚卸高	期末商品棚卸高	売上高	売上総利益	当期仕入高
①	a	6,800	8,500	b	6,850	68,900
②	823,200	52,100	c	1,226,300	d	907,400

a		b		c		d	

[19] 次の商品売買の取引を仕入帳と売上帳に記入しなさい。

6/8　横浜商店より掛けで仕入れた。
　　　コーヒー　300本　　@¥120　　¥36,000
　　　紅　茶　120缶　　@¥ 80　　¥ 9,600
　　　なお、引取運賃¥5,000は現金で支払った。
12　藤沢商店へ掛けで売り上げた。
　　　コーヒー　220本　　@¥180　　¥39,600
　　　紅　茶　 90缶　　@¥120　　¥10,800
15　藤沢商店へ売り上げた紅茶の一部（20缶）に品質低下が発見され、1缶当たり50円の値引を行った。
19　東京商店から掛けで仕入れた。

54

コーヒー	250本	@￥125	￥31,250
紅　茶	110缶	@￥ 82	￥ 9,020

なお，引取運賃￥5,200は現金で支払った。

20　昨日，東京商店から仕入れたコーヒー18本に分量の不足があり，返品した。

25　川崎商店へ掛けで売り上げた。

コーヒー	180本	@￥195	￥35,100
紅　茶	70缶	@￥128	￥ 8,960

仕　入　帳

平成 ○年	摘　　　要	内　訳	金　額
30	総　仕　入　高		
	仕入値引・戻し高		
	純　仕　入　高		

売　上　帳

平成○年	摘　　要	内　訳	金　額
30	総　売　上　高		
	売上値引・戻り高		
	純　売　上　高		

[20] 次の取引を3分法によって仕訳し，仕入勘定と売上勘定に記入しなさい。相手勘定科目は省略する。

① 商品120,000円を掛けで仕入れた。なお，この商品の仕入にともなって引取運賃等の諸費用8,000円を現金で支払った。
② 掛けで仕入れていた商品の内，15,000円が品違いであったため返品した。
③ 商品を80,000円で掛け売りした。なお，荷造費等の発送費（当社負担）6,200円は現金で支払った。
④ 得意先から，かねて掛けで売り上げていた商品の一部に品傷みが発見されたので10,000円の値引きを行った。
⑤ 商品を250,000円で掛け売りした。そのさいの発送費18,000円を現金で支払ったが，先方の負担である。

	借　　方	貸　　方
①		
②		

③	
④	
⑤	

仕　　入	売　　上

[21] 当社は商品の売買取引を3分法によって処理している。当期中の勘定記入は次の通りである。これに基づき，質問にある数値を計算しなさい。なお，期末商品棚卸高は68,500円であった。

繰越商品	仕	入	売	上
42,800	205,000	13,400	9,200	189,300
	126,200	8,800	11,600	222,500
	88,600			155,600

〈質問〉

①総仕入高　　　　　　　　円　　②純仕入高　　　　　　　　円

③総売上高　　　　　　　　円　　④純売上高　　　　　　　　円

⑤売上原価　　　　　　　　円　　⑥売上総利益　　　　　　　円

[22] 6月中のX商品の受け払いデータにより先入先出法と移動平均法によって商品有高帳に記入しなさい。

［データ］

6/1　前月繰越（解答欄に示されている）
　　5　仕　　入　　120個　@260円
　　12　売　　上　　100個　@370円
　　18　仕　　入　　200個　@265円
　　28　売　　上　　180個　@380円

＜先入先出法＞

X商品　　　　　　　　商 品 有 高 帳　　　　　　（単位：個，円）

平成○年		摘　要	受　入			引　渡			残　高		
			数量	単価	金　額	数量	単価	金　額	数量	単価	金　額
6	1	前月繰越	80	250	20,000				80	250	20,000

＜移動平均法＞

X商品　　　　　　　　商 品 有 高 帳　　　　　　（単位：個，円）

平成○年		摘　要	受　入			引　渡			残　高		
			数量	単価	金　額	数量	単価	金　額	数量	単価	金　額
6	1	前月繰越	80	250	20,000				80	250	20,000

[23] 文教商店は，Y商品を横浜商店から掛けで仕入れて，それを藤沢商店へ掛けで販売している。7月中の取引を仕入帳と売上帳に記入した（締め切っていない）。これに基づいて質問に答えなさい。（太字は赤）

仕　入　帳

平成○年		摘　要	内　訳	金　額
7	8	横浜商店　　　　　　　　　掛		
		Y商品　700個　@¥208	145,600	
		引取運賃　現金払い	8,400	154,000
	20	横浜商店　　　　　　　　　掛		
		Y商品　800個　@¥212	169,600	
		引取運賃　現金払い	8,800	178,400

売　上　帳

平成○年		摘　要	内　訳	金　額
7	12	藤沢商店　　　　　　　　　掛		
		Y商品　600個　@¥265		159,000
	25	藤沢商店　　　　　　　　　掛		
		Y商品　500個　@¥272		136,000
	26	**藤沢商店　　　　　　　　掛値引**		
		Y商品　20個　@¥272		5,440

(1) 商品有高帳に移動平均法によって記入しなさい。

商　品　有　高　帳

Y商品　　　　　　　　　　　　　　　　　　　　　　（単位：個，円）

平成○年		摘要	受入 数量	単価	金額	引渡 数量	単価	金額	残高 数量	単価	金額
7	1	前月繰越	300	210	63,000				300	210	63,000

(2) 当月の商品売買の損益計算を行いなさい。

X商品の7月中における損益計算

売　上　高　　[　　　　　]　円

売 上 原 価　　[　　　　　]　円

売上総利益　　[　　　　　]　円

7 掛け取引

7-1 売掛金と買掛金

通常の商品売買では，掛け取引が行われる。つまり，実際の商品の受け渡しの時に現金決済を行わないで，後日（例えば，次月の月末）に一括して決済することが行われている（下図を参照）。商品の売買から決済の時までにこれらの債権・債務関係を処理しておく勘定が売掛金と買掛金である。

商品の売買 → 請求書の発送・受領 → 決　済

売掛金は，商品を後日支払の約束で販売したときに用いられる勘定で，将来受け取る権利を表す債権（資産）である。商品を掛けで売り上げたときに，売掛金勘定に借記（借方記入）され，現金等で受け取られた（回収した）ときに貸記（貸方記入）される。

買掛金は，商品を後日支払の約束で仕入れたときに用いられる勘定で，将来支払う義務を表す債務（負債）である。商品を掛けで仕入れたときに，買掛金勘定に貸記され，現金等で支払ったときに借記される。これらの処理を勘定に示すと次のようになる。

売　掛　金			買　掛　金		
前期繰越高	当期回収高			当期支払高	前期繰越高
当期掛け売上高	売上戻り・値引高			仕入戻し・値引高	当期掛け仕入高
	}期末残高			期末残高{	

例題12 次の取引を仕訳しなさい。商品売買は3分法によって処理する。

①商品を仕入れ，代金320,000円は掛けとした。

②買掛金180,000円を現金で支払った。

③商品を売上げ,代金460,000円は掛けとした。
④売掛金275,000円を現金で回収した。

解 答

① (借方) 仕　　　入　320,000　　(貸方) 買　掛　金　320,000
② (借方) 買　掛　金　180,000　　(貸方) 現　　　金　180,000
③ (借方) 売　掛　金　460,000　　(貸方) 売　　　上　460,000
④ (借方) 現　　　金　275,000　　(貸方) 売　掛　金　275,000

7－2　得意先元帳と仕入先元帳

　商品の販売先を得意先,商品の購入先を仕入先というが,売掛金を得意先別に,買掛金を仕入先別に記録して管理する必要性がある。例えば,商品を掛けで販売し,売掛金を回収しても総勘定元帳の売掛金勘定に記録するだけで,どこの得意先にいくらの売掛金が残っているかがわからなければ,顧客（得意先）管理を行うことができない。

　そこで得意先・仕入先別に商号や店名を付けた勘定（これを**人名勘定**という）をつくって,これを補助簿として持つことが行われている。得意先別の人名勘定に売掛金の明細を記録するための補助簿を得意先元帳（または売掛金元帳）といい,仕入先別の人名勘定に買掛金の明細を記録するための帳簿を仕入先元帳（または買掛金元帳）という。これらの補助簿の記帳例を示すと図19の通りになる。

　総勘定元帳と補助元帳との関係は次のようになる。商品を掛けで販売したときには,仕訳では売掛金勘定に借記すると同時に,得意先元帳の該当する人名勘定に借記する。売掛金が回収されたときには総勘定元帳の売掛金勘定に貸記するとともに得意先元帳の該当する人名勘定に貸記する。一方,商品を掛けで仕入れたときには,総勘定元帳の買掛金勘定に貸記するとともに仕入先元帳の該当する人名勘定に貸記する。買掛金を支払ったときは,総勘定元帳の買掛金勘定に借記するとともに仕入先元帳の該当する人名勘定に借記する（図20参照）。

得 意 先 元 帳

神奈川商店　　　　　　　　　　　　　　　　　得1

平成〇年		摘　要	借　方	貸　方	借／貸	残　高
4	1	前期繰越	185,000		借	185,000
	5	売 上 げ	280,000		〃	465,000
	12	現金回収		120,000	〃	345,000

仕 入 先 元 帳

東京商店　　　　　　　　　　　　　　　　　　仕1

平成〇年		摘　要	借　方	貸　方	借／貸	残　高
4	1	前期繰越		268,000	貸	268,000
	8	手形振出	150,000		〃	118,000
	16	仕 入 れ		115,000	〃	233,000

図19　得意先元帳と仕入先元帳の記帳例

＜総 勘 定 元 帳＞

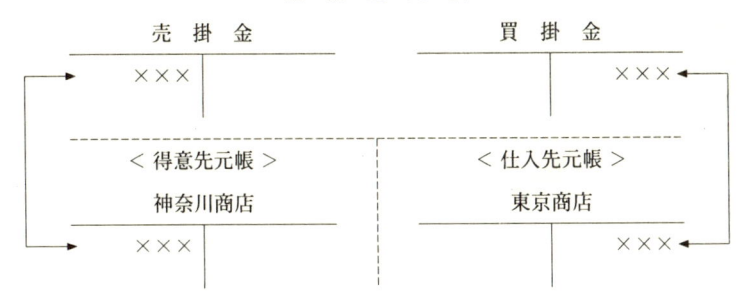

```
     売 掛 金                    買 掛 金
  ───────────          ───────────
    ×××  │                       │  ×××
  ─ ─ ─ ─ ─ ─ ─ ─ ─          ─ ─ ─ ─ ─ ─ ─ ─ ─
  ＜得意先元帳＞              ＜仕入先元帳＞
    神奈川商店                    東京商店
  ───────────          ───────────
           │  ×××                ×××  │
```

図20　総勘定元帳と補助元帳の関係

　したがって，得意先元帳にある人名勘定すべての借方合計，貸方合計，残高は総勘定元帳にある売掛金勘定の借方合計，貸方合計，残高に等しい。また，仕入先元帳にある人名勘定すべての借方合計，貸方合計，残高は総勘定元帳にある買掛金勘定の借方合計，貸方合計，残高に等しい。この得意先元帳や仕入

先元帳全体の集計値を表すような総勘定元帳の売掛金勘定や買掛金勘定を**統制勘定**という。

例題13 次の取引を総勘定元帳と得意先元帳に記録しなさい。商品売買の処理は3分法による。

6/1 勘定残高は次の通りである。

総勘定元帳；売掛金　405,000円

得意先元帳；神奈川商店　225,000円，平塚商店　180,000円

4 神奈川商店へ商品を380,000円で掛け売りした。

7 平塚商店へ商品を売り上げ，代金200,000円のうち120,000円は平塚商店の振り出した小切手で受け取り，残りは掛けとした。

12 神奈川商店から売掛金350,000円を現金で受け取った。

16 平塚商店に販売していた商品にきずが見つかり，15,000円の値引きを行った。

22 平塚商店から売掛代金150,000円を現金で受け取った。

解　答

［総勘定元帳］

売　掛　金

6/1	前月繰越	405,000	6/12	現　金	350,000
4	売　上	380,000	16	売　上	15,000
7	売　上	80,000	22	現　金	150,000
			30	残　高	350,000

［得意先元帳］

神奈川商店

6/1	前月繰越	225,000	6/12		350,000
4		380,000	30	残　高	255,000

平　塚　商　店

6/1	前月繰越	180,000	6/16		15,000
7		80,000	22		150,000
			30	残　高	95,000

【練習問題】

[24] (1) 売掛金と買掛金の管理に関する次の文章の ⎕ の中に，適当な字句を入れなさい。

商品の売買は，掛けや手形などによって行う a 取引が商慣行となっている。このうち，多くの企業は掛け売買を管理するために補助簿を設けている。売掛金を管理する補助簿が b 元帳であり，買掛金を管理する補助簿が c 元帳である。

a		b		c	

(2) 次の取引を人名勘定を用いて仕訳しなさい。商品売買の記録は3分法による。

① 当社は仕入先の東京商店より商品180,000円を掛けで仕入れた。
② 当社は得意先の横浜商店へ商品を250,000円で掛け売りした。

	借　方	貸　方
①		
②		

[25] 次の6月中の掛け売買取引を総勘定元帳と補助元帳に記入しなさい。ただし，商品売買の記録は3分法によること。

6/ 1　前月からの繰越額は，勘定にすでに記録されている。
  2　神奈川商店から商品200,000円を仕入れ，代金は掛けとした。
  5　山梨商店へ商品40,000円を売り上げ，代金は掛けとした。
  6　埼玉商店へ商品100,000円を掛けで売り上げた。
 10　千葉商店から商品100,000円を仕入れ，代金の内40,000円は現金で支払い，残額は掛けとした。
 12　山梨商店から売掛金70,000円を現金で回収した。
 16　神奈川商店からの買掛金20,000円を現金で支払った。
 19　山梨商店へ商品50,000円を売り上げ，代金は掛けとした。
 20　千葉商店から商品50,000円を掛けで仕入れた。
 23　埼玉商店の売掛金60,000円を現金で受け取った。
 25　千葉商店からの買掛金80,000円を現金で支払った。
 28　以前，山梨商店へ売り上げていた商品の一部に品傷みが見つかったとの知らせがあり，4,000円の値引きをした。

［総勘定元帳］

売　掛　金	買　掛　金
6/1 前月繰越（　　　）	6/1 前月繰越　60,000

［売掛金元帳］

山　梨　商　店	埼　玉　商　店
6/1 前月繰越　50,000	6/1 前月繰越　70,000

［買掛金元帳］

神奈川商店	千　葉　商　店
6/1 前月繰越　20,000	6/1 前月繰越（　　　）

[26] 神奈川商店（年1回3月末決算）の次の取引を解答欄の売掛金元帳（藤沢商店）に記入し，6月30日付でこの補助簿を締め切りなさい。（日商簿記検定3級類題）

6月1日　売掛金の前月繰越高は285,000円（川崎商店113,400円，藤沢商店171,600円）である。

　　6日　川崎商店へ263,200円，また藤沢商店へ330,600円を売り上げ，代金は掛けとした。

　　7日　前日藤沢商店へ売り上げた商品のうち28,000円は不良品のため返品されてきた。なお，代金は同店に対する売掛金から差し引いた。

　　15日　藤沢商店へ商品を186,000円で売り上げ，代金のうち100,000円は現金で受け取り，残りは掛けとした。

　　26日　藤沢商店に対する売掛金のうち380,000円，川崎商店に対する売掛金のうち238,000円を，それぞれ小切手で受け取り，ただちに当座預金に預け入れた。

得意先元帳
藤沢商店

平成〇年		摘要	借方	貸方	借または貸	残高
6	1	前月繰越				
	6	売上				
	7					
	15					
	26	回収				
	30	次月繰越				

7 掛け取引

8　現金取引と当座預金取引

8－1　現　金

　簿記でいう現金には通貨のほかに，通貨に等しい価値を持つものとして，他人振出小切手，送金小切手，普通為替証書，支払期限到来済みの公債・社債の利札，株式配当金領収書が含まれる。仕訳では，以下のように現金収入は借方に，現金支払は貸方に記入する。

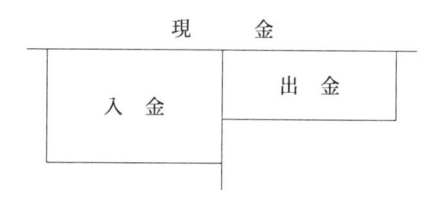

```
        現    金
   ┌──────┬──────┐
   │      │      │
   │ 入 金 │ 出 金 │
   │      │      │
```

　現金の受け払いの明細は現金出納帳に記録する。図21は現金出納帳の記帳例である。

現　金　出　納　帳

平成〇年		摘　　要	収　入	支　出	残　高
4	1	前期繰越	426,600		426,600
	〃	当座預金に預入		200,000	226,600
	2	売掛金回収	88,000		314,600
	3	旅費交通費		55,000	259,600

図21　現金出納帳の記帳例

　例題14　次の取引を仕訳しなさい。
　①平沼商店に商品を220,000円を売り上げ，代金として平沼商店振り出しの

小切手を受け取った。
②機械装置500,000円を現金で購入した。

解　答
① （借方）現　　　　金　220,000　　（貸方）売　　　　上　220,000
② （借方）機 械 装 置　500,000　　（貸方）現　　　　金　500,000

8－2　現金過不足

　帳簿上の現金残高が，記帳誤り（記帳漏れや二重記帳，誤記入等）により実際の現金有高と一致しないことがある。その場合には，帳簿上の現金残高を実際有高に修正する。修正の際に「現金」勘定の反対側に記載するのが「**現金過不足**」勘定である。

・現金有高　100円＜帳簿残高　120円の場合
　　（借方）現金過不足　　　　20　　（貸方）現　　　　金　　　20
・現金有高　120円＞帳簿残高　100円の場合
　　（借方）現　　　金　　　　20　　（貸方）現金過不足　　　　20

「**現金過不足**」勘定は一時的な勘定である。現金過不足の原因が判明した場合は，本来の正しい仕訳を行い「現金過不足」勘定を消去する。決算日までに原因が判明しない場合には，現金過不足勘定残高を雑損または雑益勘定に振り替え，決算整理後の貸借対照表に現金過不足残高を残さない。

・現金過不足勘定が借方残高になっているとき
　　（借方）雑　　　損　××××　　（貸方）現金過不足　××××
・現金過不足勘定が貸方残高になっているとき
　　（借方）現金過不足　××××　　（貸方）雑　　　益　××××

例題15　次の一連の取引を仕訳しなさい。
①現金の帳簿残高は230,000円，実際の現金有高は200,000円であった。
②現金で支払った通信費8,000円の記帳漏れが判明した。

③現金で受け取った家賃5,000円の二重記帳が判明した。
④決算日になっても現金過不足の原因が判明しなかった。

解 答

①（借方）現金過不足	30,000	（貸方）現　　　金	30,000
②（借方）通　信　費	8,000	（貸方）現金過不足	8,000
③（借方）受 取 家 賃	5,000	（貸方）現金過不足	5,000
④（借方）雑　　　損	17,000	（貸方）現金過不足	17,000

8－3　当座預金

　当座預金とは銀行預金の一形態で，預金の引出しに小切手を用いる無利息の預金である。決済性預金と呼ばれ，取引決済の際に現金の代わりによく用いられる。仕訳では以下のように当座預金口座に現金を預け入れたり，振込入金があった場合には「当座預金」勘定の借方に記入し，小切手の振り出しや口座引き落としがあった場合には貸方に記入する。

```
          当 座 預 金
    ┌─────────┬─────────┐
    │         │         │
    │  口座入金 │ 口座出金 │
    │         └─────────┤
    │                   │
```

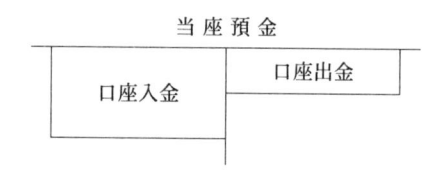

　図22は当座預金口座開設から小切手振り出し，決済までの一連の手続である。

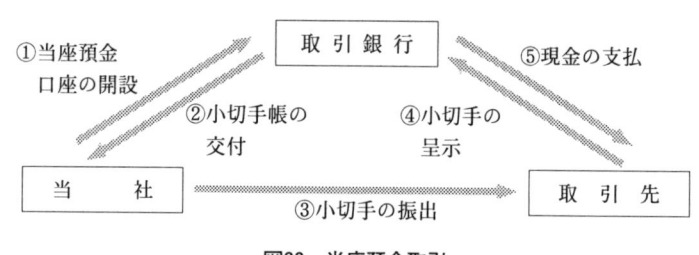

図22　当座預金取引

当座預金口座を開設すると50枚綴り・連番の小切手帳が銀行から交付される。図23は小切手の例である。左端は，小切手振り出し後に小切手帳に残る部分で「小切手の耳」と呼ばれ，振り出した小切手の詳細を記録する。

```
ST 08150                    小  切  手           横25
平成○年5月25日   ST 08150
                 支払地　横浜市東区戸塚町17番地
金                    神奈川銀行戸塚支店
額  120,000      金額  ￥120,000★
渡               上記の金額をこの小切手と引き替
先  藤沢商店     えに持参人へお支払いください
                 平成○年5月25日　横浜市北区藤沢町2－3
摘                                横浜商店
要  買掛金支払  振出地　横浜市　振出人  横浜太郎㊞
```

図23　小切手の例

当座預金口座別にその明細を記録するのが当座預金出納帳である。図24は当座預金出納帳の記帳例である。

当 座 預 金 出 納 帳

平成○年		摘　　要	預　入	引　出	借/貸	残　高
4	1	前期繰越	2,450,500		借	2,450,500
	〃	現金預け入れ	200,000		〃	2,650,500
	2	手形の決済		524,000	〃	2,126,500
	3	パソコン購入		350,000	〃	1,776,500

図24　当座預金出納帳の記帳例

例題16　次の取引を仕訳しなさい。

①当座預金口座に現金450,000円を預け入れた。
②横浜商店から商品180,000円を仕入れ，代金は小切手を振り出して支払った。

8　現金取引と当座預金取引 ●――― 71

【解　答】
① （借方）当座預金　　　450,000　　（貸方）現　　金　　450,000
② （借方）仕　　入　　　180,000　　（貸方）当座預金　　180,000

8－4　当座借越

　当座預金残高を超え一定額の支払いを可能とする契約を銀行と結ぶことができる。これを当座借越（とうざかりこし）契約という。当座借越は，当座預金口座のマイナス残高であり，銀行からの一時的な借り入れを意味する。当座借越の処理には次の2つの方法がある。

(1)　「当座借越」勘定を用いる方法

　当座預金残高がプラスの場合は「当座預金」勘定を用い，マイナスの場合は「**当座借越**」勘定を用いる。「**当座借越**」勘定を用いた後で当座預金に入金があった場合には，借入分を先に返済するため，「**当座借越**」勘定残高がゼロになるまで「**当座借越**」勘定を用いる。

【例題17】　次の一連の取引を仕訳しなさい。
　①当社は取引銀行との間に500,000円の当座借越契約を結んでいる。現在の当座預金残高は30,000円である。買掛金5,000円を小切手を振り出して支払った。
　②買掛金100,000円を小切手を振り出して支払った。
　③売掛金200,000円を現金で受け取り，ただちに当座預金に預け入れた。

【解　答】
① （借方）買　掛　金　　　5,000　　（貸方）当座預金　　　5,000
② （借方）買　掛　金　　 100,000　　（貸方）当座預金　　 25,000
　　　　　　　　　　　　　　　　　　　　　　当座借越　　 75,000
③ （借方）当座借越　　　　75,000　　（貸方）売　掛　金　200,000
　　　　　　当座預金　　 125,000

(2) 「当座」勘定を用いる方法

当座預金がプラスである場合もマイナスの場合も「当座」勘定を用いる。
例題17は次のように仕訳する。

解 答

① （借方）買掛金　　　5,000　　（貸方）当　座　　　5,000
② （借方）買掛金　　100,000　　（貸方）当　座　　100,000
③ （借方）当　座　　200,000　　（貸方）売掛金　　200,000

8-5 小口現金

切手代や新聞代などの日常の少額の現金支払いに備えて手許に用意しておく現金を**小口（こぐち）現金**という。小口現金の管理方法に，**定額資金前渡制（インプレスト・システム）**がある。これは，一定期間の小口現金の必要資金見積額を定額支給する制度である。1週間または1カ月などの一定期間後に実際支払額を報告させ，支払額と同額を再補給する制度である。

図25は，小口現金の月初有高を20,000円とする定額資金前渡制の小口現金出納帳の記帳例である。9月の小口現金の支払額合計は18,093円であるため，10月1日に同額を補給し，小口現金有高を20,000円とする。これは次のように仕訳する。

（借方）交 通 費　　2,580　　（貸方）小口現金*　18,093
　　　　通 信 費　　2,770　　　　　　当座預金　　18,093
　　　　消耗品費　　2,360
　　　　雑　　費　 10,383
　　　　小口現金*　18,093

*小口現金は借方・貸方が同額で相殺消去されるため，記入を省略することができる。

小 口 現 金 出 納 帳　　　　　　　（単位：円）

受入	日付		摘要	支払	内訳 交通費	通信費	消耗品費	雑費
20,000	9	1	小切手					
		3	切手	2,150		2,150		
		8	ノート	820			820	
		10	収入印紙	4,400				4,400
		11	ボールペン	1,540			1,540	
		15	電話	620		620		
		22	タクシー	2,580	2,580			
		23	お茶	1,600				1,600
		29	新聞代	4,383				4,383
			合計	18,093	2,580	2,770	2,360	10,383
			次月繰越	1,907				
20,000				20,000				
1,907	10	1	前月繰越					
18,093		〃	小切手					

図25　小口現金出納帳の記帳例

例題18　次の一連の取引を仕訳しなさい。

①小切手100,000円を振り出し，小口現金とした。

②当社は定額資金前渡制を用いている。当月の小口現金の支払報告は次の通りであった。ただちに小切手を振り出して補給した。

　　　通信費　　14,250円
　　　消耗品費　18,880円
　　　雑費　　　 5,790円

解 答

①（借方）	小口現金	100,000	（貸方）	当座預金	100,000	
②（借方）	通信費	14,250	（貸方）	小口現金*	38,920	
	消耗品費	18,880		当座預金	38,920	
	雑費	5,790				
	小口現金*	38,920			*省略可	

【練 習 問 題】

[27] 次の取引を仕訳しなさい。ただし，商品売買に関する処理は3分法による。

① 売掛金 250,000円の回収として得意先振出の同額の小切手を受け取った。
② 商品 300,000円を仕入れ，代金のうち250,000円は小切手を振り出し，残額は掛けとした。
③～⑥は一連の取引である。
③ 本日，手持ち現金の有高を調べたところ，現金出納帳の帳簿残高と異なっていた。
　　　　実際有高　　267,000円　　帳簿残高　　286,500円
④ 現金過不足の原因の一部は，支払利息8,800円の記帳漏れであることが判明した。
⑤ 売掛金9,000円を現金で回収していたが，6,000と記帳していたことが判明した。
⑥ 決算になっても，残りの現金過不足の原因はわからなかった。

	借　方	貸　方
①		
②		
③		
④		
⑤		
⑥		

8 現金取引と当座預金取引

[28] 次の取引を仕訳しなさい。ただし，商品売買に関する処理は3分法による。
① 商品500,000円を仕入れ，代金のうち250,000円は小切手を振り出して支払い，残額は掛けとした。
② 買掛金125,000円を小切手を振り出して支払った。
③ 商品380,000円を仕入れ，小切手を振り出して支払った。ただし，当座預金の残高は300,000円であった。当社はこの銀行と当座借越契約を結んでいる。当座借越勘定を用いて処理する。
④ ③の取引の後に，売掛金150,000円を相手振出しの小切手で回収し，ただちに当座預金に預け入れた。

	借　　　方	貸　　　方
①		
②		
③		
④		

[29] 次の小口現金に関する取引を仕訳しなさい。ただし，商品売買に関する処理は3分法による。
① 当社は，当月から小口現金についてインプレスト・システム（定額資金前渡制）を採用することにした。そこで，小切手60,000円を振り出して小口現金とした。
② 月末に，次の小口現金支払い報告を受け，ただちに同額の小切手を振り出し小口現金を補給した（支払報告：通信費35,000円，交通費2,700円，雑費650円）。

	借　　　方	貸　　　方
①		
②		

[30] 次の取引を当座預金出納帳に記録しなさい。ただし，商品売買に関する処理は3分法による。

9/5　現金185,000円を当座預金に預け入れた。

　8　商品500,000円を仕入れ，代金のうち250,000円は小切手を振り出して支払い，残額は掛けとした。

　12　買掛金125,000円の支払いとして，同額の小切手を振り出して支払った。

当 座 預 金 出 納 帳

平成○年		摘　　要	預　入	引　出	借／貸	残　高
9	1	前月繰越	665,200		借	665,200
	5					
	8					
	12					

[31] 次の9月中の取引を小口現金出納帳に記録しなさい。当社はインプレスト・システムを採用している。

9月1日に小切手25,000円を振り出し，小口現金に補給した。

＜9月中の支払い報告＞

　2日　文具　　　　2,800円

　5日　タクシー代　5,000円

　12日　切手代　　　2,200円

　18日　ノート代　　1,650円

21日　電話代　　　550円
25日　ガムテープ代　1,200円
29日　新聞代　　　4,383円

小口現金出納帳

受入	日付		摘要	支払	内訳			
					交通費	通信費	消耗品費	雑費
25,000	9	1						
		2						
		5						
		12						
		18						
		21						
		25						
		29						
			合　計					
		30	次月繰越					

9 手形取引

9−1 手形とは

　手形とは商品の仕入代金の支払いや，売上代金を回収する手段の1つである。図26 約束手形の例（上部：表面，下部：裏面）が示すように，手形には誰が，いつ，誰に，いくら支払うかが記載されている。手形の種類には，約束手形と為替（かわせ）手形がある。一般に用いられるのは約束手形であるため，約束手形のみ学習する。

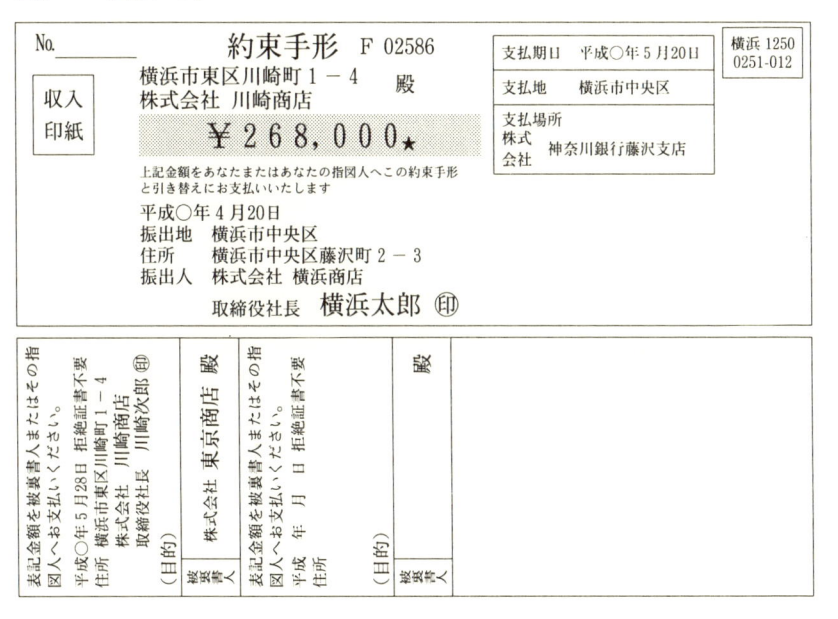

図26　約束手形の例

図27が示すように，約束手形を振り出した手形振出人には，支払期日に現金を支払う債務（「支払手形」勘定）が発生する。一方，手形受取人には，支払期日に現金を受け取る債権（「受取手形」勘定）が発生する。

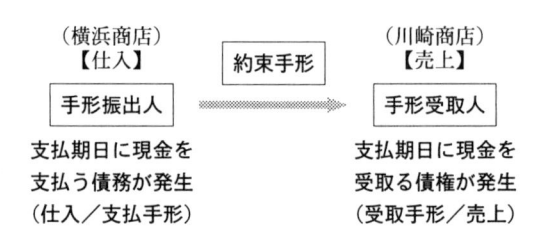

```
        （横浜商店）                （川崎商店）
         【仕入】                    【売上】
                      約束手形
        手形振出人    ━━━━━━▶    手形受取人

        支払期日に現金を           支払期日に現金を
        支払う債務が発生           受取る債権が発生
        （仕入／支払手形）         （受取手形／売上）
```

図27　約束手形の流れ

受取手形勘定および支払手形勘定は以下のように記録される。

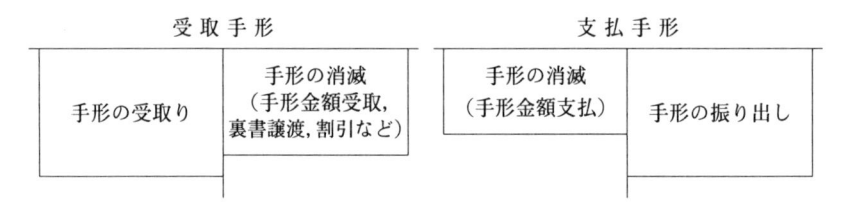

```
      受 取 手 形                    支 払 手 形
┌─────────┬─────────┐    ┌─────────┬─────────┐
│         │ 手形の消滅 │    │ 手形の消滅 │         │
│ 手形の受取り │（手形金額受取，│    │（手形金額支払）│ 手形の振り出し│
│         │ 裏書譲渡，割引など）│    │         │         │
└─────────┴─────────┘    └─────────┴─────────┘
```

例題19 次の取引を仕訳しなさい。

①当社は仕入先の東京商店から商品250,000円を購入し，代金は約束手形を振り出して支払った。

②手形の支払期日に当社の当座預金から①の手形代金が引き落とされた。

③当社は茅ヶ崎商店に商品を売上げ，売上代金85,000円を茅ヶ崎商店振り出しの約束手形で受け取った。

④かねてから取立を依頼していた銀行から③の手形代金を回収し，当社の当座預金に入金した旨の連絡があった。

解　答

① （借方）仕　　入　250,000　（貸方）支払手形　250,000
② （借方）支払手形　250,000　（貸方）当座預金　250,000
③ （借方）受取手形　 85,000　（貸方）売　　上　 85,000
④ （借方）当座預金　 85,000　（貸方）受取手形　 85,000

受取手形や支払手形を手形別に詳細に記録した補助簿が受取手形記入帳と支払手形記入帳である。図28に示すように手形の種類，手形金額，支払場所，満期日，手形決済のてん末などを記入する。

受 取 手 形 記 入 帳

平成 ○年		摘　要	手形種類	手形番号	振出人(裏書人)	振出日 年 月 日	満期日 年 月 日	支払場所	手形金額	てん末 日付	摘要
4	5	売　上	約手	18	藤沢商店	○ 4 5	○ 5 6	神奈銀	80,000	4 20	裏書き
	18	売掛金	約手	6	平塚商店	○ 4 6	○ 5 9	静岡銀	100,000	5 9	入金

支 払 手 形 記 入 帳

平成 ○年		摘　要	手形種類	手形番号	受取人	振出日 年 月 日	満期日 年 月 日	支払場所	手形金額	てん末 日付	摘要
4	3	仕　入	約手	5	横浜商店	○ 4 3	○ 5 9	神奈銀	150,000	5 9	支払
	22	買掛金	約手	20	東京商店	○ 4 10	○ 6 10	山形銀	90,000	6 10	支払

図28　受取手形記入帳と支払手形記入帳の記帳例

9-2　手形の裏書譲渡

手形の所持人がその手形を支払期日まで所有せず，商品代金の支払いなどのために他人に譲り渡すことを手形の**裏書譲渡**（うらがきじょうと）という。手形を譲渡する際には，図26に示す手形の裏面に誰から誰に手形が引き渡されたかを記載・押印する（これを**裏書き**という）ことが必要となる。

例題20　次の取引を仕訳しなさい。

　　　当社は商品182,000円を埼玉商店から仕入れ、代金のうち150,000円は所有する約束手形を裏書譲渡し、残額は掛けとした。

解　答

　　（借方）仕　　　入　　182,000　　（貸方）受取手形　150,000
　　　　　　　　　　　　　　　　　　　　　　　買　掛　金　 32,000

9－3　手形の割引

　手形の所持人が手形を支払期日前に銀行などの金融機関に裏書譲渡して手形を現金に換金することを手形の割引（わりびき）という。金融機関は割引日から支払期日までの期間の利息（割引料）を手形金額から差し引き、残額を手形所持人に支払う。手形金額と実際受取額の差は「**手形売却損**」（費用）勘定で処理し、次のように仕訳する。

　　（借方）当 座 預 金　××××　　（貸方）受 取 手 形　××××
　　　　　　手形売却損　××××

例題21　次の取引を仕訳しなさい。

　　　当社が保有する約束手形250,000円を銀行で割り引いた。割引料4,500円を差し引かれた手取額を当座預金に預け入れた。

解　答

　　（借方）当 座 預 金　245,500　　（貸方）受 取 手 形　250,000
　　　　　　手形売却損　　4,500

9－4　手形貸付金と手形借入金

　金銭貸借に際し、借用証書の代わりに約束手形を用いる場合がある。これを金融手形と呼ぶ。金融手形は、商品代金決済のための手形（商業手形）と区別

するために，約束手形を受け入れた場合は受取手形とせず「**手形貸付金**」（資産）勘定を用い，約束手形を振り出した場合は支払手形とせず，「**手形借入金**」（負債）勘定で処理する。

例題22　次の取引を仕訳しなさい。
① 当社は横浜商事より2,000,000円を借り入れ，同額の約束手形を振り出し，利息を控除した手取額を当座預金とした。借入期間は6カ月，借入利率は年3.5%である。
② 当社は藤沢商店に1,800,000円を貸し付け，同額の約束手形を受け取り，利息を控除した金額を当座預金から支払った。貸付期間は8カ月，借入利率は年2.8%である。

解答
① （借方）当 座 預 金　　1,965,000　　（貸方）手形借入金　　2,000,000
　　　　　支 払 利 息　　　 35,000
② （借方）手形貸付金　　1,800,000　　（貸方）当 座 預 金　　1,766,400
　　　　　　　　　　　　　　　　　　　　　　受 取 利 息　　　 33,600

【練習問題】
[32] 次の取引を仕訳しなさい。ただし，商品売買に関する処理は3分法による。
① 神奈川商店より商品150,000円を仕入れ，約束手形を振り出して支払った。
② 商品を茅ヶ崎商店に販売し，代金120,000円は約束手形100,000円を受け取り，残額は掛けとした。
③ 2カ月前に当店が振り出した約束手形（額面150,000円）につき，支払期日に手形代金を当座預金から引き落とした旨の通知を銀行から受け取った。
④ 横浜商店へ商品500,000円を販売し，代金のうち300,000円は約束手形を受け取り，残額は掛けとした。
⑤ かねて受け取っていた約束手形100,000円を銀行で割り引くことにした。割引料6,200円を差し引かれた手取金は当座預金とした。

⑥　神奈川商店よりの買掛金300,000円の支払いのために，所有していた約束手形210,000円を裏書譲渡し，残りは小切手を振り出して支払った。

	借　　　方	貸　　　方
①		
②		
③		
④		
⑤		
⑥		

[33] 次の受取手形記入帳の記録に基づき，解答用紙に示してある日付の仕訳を行いなさい。（日商簿記検定3級類題）

受 取 手 形 記 入 帳

平成○年		摘　要	手形種類	手形番号	支払人	振出人（裏書人）	振出日		満期日		支払場所	手形金額	てん末		
							月	日	月	日			日付		摘要
11	3	売　上	約手	12	藤沢商店	藤沢商店	11	3	12	2	金川銀行	240,000	11	9	裏書譲渡
	15	売掛金	約手	18	平塚商会	平塚商会	11	10	12	30	静丘銀行	325,000	12	5	割引

	借　　　方		貸　　　方	
11/ 3	（　　　　　）	240,000	（　　　　　）	240,000
11/ 9	買　掛　金	360,000	（　　　　　）	240,000
			当 座 預 金	120,000
11/15	（　　　　　）	325,000	（　　　　　）	325,000
12/ 5	当 座 預 金	304,000	（　　　　　）	325,000
	（　　　　　）	21,000		

10　有価証券取引

10−1　有価証券とは

　国債，地方債，社債，株式等を総称して有価証券という。有価証券は「**有価証券**」勘定（資産）を用い，以下のように仕訳する。

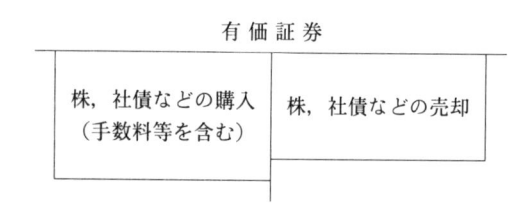

有 価 証 券

株，社債などの購入 （手数料等を含む）	株，社債などの売却

　有価証券の取得原価には，買入価額に証券会社等に支払う手数料などを含める。所有する株式の配当金を受け取ったときには「**受取配当金**」（収益）勘定で処理する。

　国債，地方債，社債などの債券は，債券券面に金額，償還日，利息支払日，利率が記載されている。また，債券の取得・売却取引においては，券面額100円当たりいくら（例えば98円など）で取引価額が決定する。債券は償還日に券面金額で償還（現金が支払われる）され，券面利率で計算された利息が利息支払日に支払われる。利息を受け取ったときは「**有価証券利息**」（収益）勘定で処理する。

　例題23　次の取引を仕訳しなさい。

①当社は横浜物産（株）の株式100株を1株8万円で購入し，買入手数料225,000円とともに小切手を振り出して支払った。

②当社は神奈川工業（株）の社債2,000,000円を100円につき98円で買い入れ，現金で支払った。

③横浜物産より配当金50,000円を現金で受け取った。
④所有する社債の利払日につき，半年分の利息22,000円を現金で受け取った。

解　答

①	（借方）有　価　証　券	8,225,000	（貸方）当　座　預　金	8,225,000
②	（借方）有　価　証　券	1,960,000	（貸方）現　　　　　金	1,960,000
③	（借方）現　　　　　金	50,000	（貸方）受 取 配 当 金	50,000
④	（借方）現　　　　　金	22,000	（貸方）有 価 証 券 利 息	22,000

10－2　有価証券の売却

有価証券を売却したときは，帳簿価額と売却価額との差額を「**有価証券売却損**」（費用）勘定または「**有価証券売却益**」（収益）勘定で処理する。

例題24　次の取引を仕訳しなさい。

①当社は所有していた横浜物産（株）の株式50株（帳簿価額400万円）を1株当たり9万円で売却し，売却代金は当座預金とした。
②手持ちする東京商事（株）の株式2,000株（帳簿価額640万円）を1株当たり2,800円で売却し，売却代金は当座預金に預け入れた。
③所有する国債2,000,000円（帳簿価額1,900,000円）を100円当たり96円で売却し，代金が当座預金に振り込まれた。

解　答

① （借方）当　座　預　金　4,500,000　（貸方）有　価　証　券　4,000,000
　　　　　　　　　　　　　　　　　　　　　　有価証券売却益　　500,000
② （借方）当　座　預　金　5,600,000　（貸方）有　価　証　券　6,400,000
　　　　　有価証券売却損　　800,000

③（借方）当 座 預 金　1,920,000　　（貸方）有 価 証 券　1,900,000
　　　　　　　　　　　　　　　　　　　　　　　有価証券売却益　　 20,000

【練 習 問 題】

[34] 次の取引を仕訳しなさい。
① 神奈川物産（株）の株式1,000株を1株当たり450円で購入し，買入手数料5,000円とともに小切手で支払った。
② 上記，神奈川物産より1株当たり配当金50円を現金で受け取った。
③ 上記，神奈川物産株式を500株売却することにし，1株当たり510円の価格で売ることができた。なお，売却代金は当座預金に振り込まれた。
④ 横浜市債1,000,000円（利払日年2回，年利2％）を100円につき98円で購入し，現金で支払った。
⑤ 上記横浜市債の利払日が到来し，利息を現金で受け取った。
⑥ 東京商事（株）の株式1,000株を1株当たり820円で購入し，代金は買入手数料5,500円とともに現金で支払った。

	借　　方	貸　　方
①		
②		
③		
④		
⑤		
⑥		

11 その他の取引

11-1　有形固定資産

　長期にわたって使用または保有する資産を**固定資産**という。固定資産のうち，建物，車両運搬具，備品，土地など具体的な形態を有し，長期にわたって使用するために保有するものを**有形固定資産**という。

　有形固定資産を購入する際には，不動産登記料，売買仲介料，整地費用などの諸費用が付随的に発生することがある。これら付随費用も有形固定資産の取得原価（資産を取得し，これを利用可能な状態に置くために要した支出金額）に含める。つまり，有形固定資産の取得原価は，購入代金および付随費用となる。これは仕入諸掛を商品の取得原価に含めて処理するのと同じである。

　　有形固定資産の取得原価＝購入代金＋付随費用

例題25　建物50,000,000円を購入し，代金は小切手で支払った。この建物の取得に係る登記料と不動産業者への手数料2,250,000円を現金で支払った。仕訳しなさい。

解　答

（借方）建　　物　52,250,000　　（貸方）当座預金　50,000,000
　　　　　　　　　　　　　　　　　　　　現　　金　 2,250,000

11-2　未収入金と未払金

　商品以外の物品（備品や建物，有価証券，消耗品など）を売買したときに，代金の未収入金がある場合は「**未収入金**」（資産）勘定を用い，未払い金がある場合には「**未払金**」（負債）勘定を用いる。商品売買取引に伴って生じる売掛金

89

や買掛金とは区別する。

例題26 次の一連の取引を仕訳しなさい。
①備品540,000円を購入し，代金は月末に支払うことにした。
②土地（取得原価 2,000,000円）を2,500,000円で売却し，代金のうち1,000,000円は現金で受け取り，残金は後日受け取ることになっている。

解　答
① （借方）備　　　　品　540,000　（貸方）未　　払　　金　540,000
② （借方）現　　　　金　1,000,000　（貸方）土　　　　　地　2,000,000
　　　　　未　収　入　金　1,500,000　　　　　固定資産売却益　500,000

11-3　前払金と前受金

商品の売買契約を行うときに，その代金の一部を手付金（内金）として受け払いすることがある。手付金を受け取ったときには「**前受金**」（負債）勘定で処理し，手付金を支払ったときには「**前払金**」（資産）勘定で処理する。実際に商品の引き渡しがあったときに，これらの勘定は商品代金に充当し消去する。

例題27 次の取引を仕訳しなさい。
①当社は横浜商店から商品180,000円を仕入れる契約をし，手付金18,000円を現金で支払った。
②上記の商品を受け取り，手付金を除く代金は掛けとした。
③当社は神奈川商店に商品600,000円を売り渡す契約をし，手付金として契約額の20%が当社当座預金に振り込まれた。
④上記商品を引き渡し，代金の残金が当社当座預金に振り込まれた。

解 答

①	(借方)	前 払 金	18,000	(貸方)	現 　 金	18,000	
②	(借方)	仕　　入	180,000	(貸方)	前 払 金	18,000	
					買 掛 金	162,000	
③	(借方)	当座預金	120,000	(貸方)	前 受 金	120,000	
④	(借方)	当座預金	480,000	(貸方)	売 　 上	600,000	
		前 受 金	120,000				

11－4　商品券と他店商品券

百貨店などが商品券を販売したときは，後日，その商品券と引き換えに商品を引き渡す義務が生じるため「**商品券**」（負債）勘定で処理する。

例題28　次の取引を仕訳しなさい。

① 商品券100,000円を販売し，現金で受け取った。
② 商品150,000を売り上げ，代金として商品券100,000円を受け取り，残額は現金で受け取った。

解 答

①	(借方)	現　　金	100,000	(貸方)	商 品 券	100,000	
②	(借方)	商 品 券	100,000	(貸方)	売 　 上	150,000	
		現　　金	50,000				

また，商品販売において他店が発行した商品券を受け取ったときは，後日，他店と精算し現金を受け取る権利が生じるため「**他店商品券**」（資産）勘定で処理する。後日，自店保有の他店商品券と他店保有の自店商品券を交換し，差額を現金などで精算する。

例題29　次の一連の取引を仕訳しなさい。
①商品120,000円を販売し，代金のうち80,000円は他店の商品券を受け取り，残りは現金で受け取った。
②他店と商品券の精算を行った。自店保有の他店商品券80,000円と他店保有の自店商品券30,000円を交換し，差額を現金で受け取った。

解　答
①（借方）他店商品券　　80,000　　（貸方）売　　　　上　120,000
　　　　　現　　　金　　40,000
②（借方）商　品　券　　30,000　　（貸方）他店商品券　　80,000
　　　　　現　　　金　　50,000

11－5　仮払金と仮受金

　現金の受け払いがあったものの，その時点で内容を確定することができない場合は「**仮払金**」（資産）勘定および「**仮受金**」（負債）勘定を用いる。例えば，出張旅費が正確にいくらかかるかわからないため概算額を従業員に支払い出張後に精算する場合や当座預金に理由不明な入金があった場合などに用いる。後日，内容・金額が確定した時点で，該当する適切な勘定科目に振り替える。

例題30　次の一連の取引を仕訳しなさい。
①当社の販売員文教太郎に大阪出張の概算額120,000円を現金で支払った。
②文教太郎が帰社し，旅費の精算を行い，不足額15,000円を現金で支払った。

解　答
①（借方）仮　払　金　　120,000　　（貸方）現　　　　金　120,000
②（借方）旅費交通費　　135,000　　（貸方）仮　払　金　　120,000
　　　　　　　　　　　　　　　　　　　　　現　　　　金　　15,000

例題31 次の一連の取引を仕訳しなさい。

①当社の社員から420,000円の当座預金への振り込みがあったが、その内容は不明であった。

②不明の当座振り込みは、得意先の売掛金の回収であることがわかった。

解 答

① （借方）当 座 預 金　420,000　　（貸方）仮 受 金　420,000
② （借方）仮 受 金　　420,000　　（貸方）売 掛 金　420,000

11－6　消耗品・消耗品費

金額が比較的小さく、短期的に消費される文具用品などの物品のことを**消耗品**という。決算において、消耗品の未使用分がある場合は貸借対照表に「**消耗品**」（資産）を計上し、当期中に消費した分は損益計算書で「**消耗品費**」（費用）とする。期中の消耗品の処理には以下のように2つの方法がある。

［例］消耗品当期購入高1,500　期末消耗品棚卸高（未使用分）1,000
　　　消耗品消費分500

第1法　購入時に「消耗品」（資産）勘定を用い、決算において消費分を「消耗品費」（費用）に振り替える方法
・購入時　（借方）消 耗 品　　1,500　（貸方）現　　　金　1,500
・決算時　（借方）消 耗 品 費　　500　（貸方）消 耗 品　　　500

第2法　購入時に「消耗品費」（費用）勘定を用い、決算において未使用分を「消耗品」（資産）に振り替える方法
・購入時　（借方）消 耗 品 費　1,500　（貸方）現　　　金　1,500
・決算時　（借方）消 耗 品　　1,000　（貸方）消 耗 品 費　1,000

例題32　次の取引を「購入時に消耗品勘定で処理する方法」(第1法)と「購入時に消耗品費勘定で処理する方法」(第2法)で仕訳しなさい。
①文房具85,000円を購入し，代金は小切手で支払った。
②決算時に，未使用分が20,000円あった。

解答
＜第1法＞　①（借方）消　耗　品　85,000　　（貸方）当座預金　85,000
　　　　　　②（借方）消耗品費　65,000　　（貸方）消　耗　品　65,000
＜第2法＞　①（借方）消耗品費　85,000　　（貸方）当座預金　85,000
　　　　　　②（借方）消　耗　品　20,000　　（貸方）消耗品費　20,000

11－7　資本金と引出金

　店主個人の財産を自らの事業に提供することを資本の元入れ（もといれ）といい，資本金勘定に貸記する。店主の追加元入れも同様に資本金勘定に貸記する。元入れには現金以外に土地や建物などを充てることができる。これを現物出資という。この場合は例えば次のような仕訳となる。

　　　（借方）現　　　金　×××　　（貸方）資　本　金　×××
　　　　　　　建　　　物　×××
　　　　　　　土　　　地　×××

　店主が企業財産を家計のためなど個人的な目的で使用することがある。これを店主による資本の引き出しという。この引き出しを処理する方法には次の2つの方法がある。
　第1法　「引出金」勘定を用いる方法
　第2法　「資本金」勘定に借記する方法

例題33　次の取引を「引出金勘定を用いる方法」(第1法)と「資本金勘定を用いる方法」(第2法)で仕訳しなさい。
　店主が家計用の光熱費28,000円を現金で支払った。

解　答

<第1法>　（借方）引　出　金　28,000　　（貸方）現　　　金　28,000
<第2法>　（借方）資　本　金　28,000　　（貸方）現　　　金　28,000

　引出金勘定は一時的な勘定であり，決算修正後の貸借対照表に残高を残さない。決算時に引出金勘定残高を次のように資本金勘定に振り替える。

　　　　　　（借方）資　本　金　×××　　（貸方）引　出　金　×××

11-8　立替金，従業員貸付金

　企業は取引先や従業員のために一時的に金銭を立替払いするときがある。立替が取引先の場合は「**立替金**」（資産）勘定を用い，従業員の場合は「**従業員立替金**」（資産）勘定を用いる。従業員に対する給料の前貸しは「**従業員立替金**」勘定で処理し，従業員への長期の貸付は「**従業員貸付金**」（資産）勘定で処理する。

例題34　次の一連の取引を仕訳しなさい。
　①従業員に給料の前貸しとして58,000円を現金で支払った。
　②当月の給料1,280,000円を支払うに当たり，①の前貸し分58,000円を控除し，残額を当座預金から支払った。
　③商品を165,000円で掛け売りした。なお，発送費（先方負担）10,800円は現金で立て替え払いした。

解　答

①（借方）従業員立替金　　 58,000　　（貸方）現　　　金　　 58,000
②（借方）給　　　料　 1,280,000　　（貸方）従業員立替金　　 58,000
　　　　　　　　　　　　　　　　　　　　　当 座 預 金　1,222,000

③（借方）売　掛　金　　165,000　　（貸方）売　　　上　　165,000
　　　　　　立　替　金　　 10,800　　　　　　現　　　金　　 10,800
※発送費（先方負担）10,800円は，以下のように売掛金に含めることもできる。
③（借方）売　掛　金　　175,800　　（貸方）売　　　上　　165,000
　　　　　　　　　　　　　　　　　　　　　　現　　　金　　 10,800

11－9　預　り　金

　一時的に金銭を預かった場合は「**預り金**」（負債）勘定を用いる。企業が従業員に給料を支払う際に源泉徴収（天引き）する所得税は「**所得税預り金**」勘定を用い，社会保険料は「**社会保険料預り金**」勘定を用いる。所得税などの預り金を後日，税務署等の納付先に支払った際には，これら「預り金」勘定を借方に記入し消去する。

|例題35|　次の一連の取引を仕訳しなさい。

①当月の給料2,420,000円を支払うに当たり，源泉所得税226,000円と社会保険料112,000円を控除した金額を当座預金から支払った。
②源泉徴収していた所得税226,000円を税務署に現金で納付した。

|解　答|

①（借方）給　　　料　 2,420,000　　（貸方）所得税預り金　　 226,000
　　　　　　　　　　　　　　　　　　　　　　社会保険料預り金　 112,000
　　　　　　　　　　　　　　　　　　　　　　当 座 預 金　 2,082,000
②（借方）所得税預り金　 226,000　　（貸方）現　　　金　　 226,000

【練 習 問 題】

[35] 次の取引を仕訳しなさい。
① 商品235,000円を購入し，代金は掛けとした。
② 事務用机120,000円を購入し，代金は月末に支払うことにした。
③ 建物35,200,000円を購入し，代金は1カ月後に支払う。この建物購入に伴う登記料と仲介手数料886,000円を現金で支払った。
④ 土地（帳簿価額12,000,000円）を28,000,000円で売却し，代金のうち10,000,000円は先方振り出しの小切手で受け取り，残金は次月の末日に受け取ることになった。
⑤ 取引先川崎商店から，貸付期間9カ月，年利率5％の条件で500,000円の貸付を依頼され，同額の約束手形を受け取るとともに，利息分を差し引いた額を現金で渡した。
⑥ 従業員の出張旅費の概算額108,000円を現金で支払った。
⑦ 上記の従業員が帰社し，出張旅費を精算した残りの6,200円を現金で受け取った。
⑧ 商品を注文し，手付金として18,000円の現金を支払った。
⑨ 上記の商品が到着し，手付金を差し引いた金額162,000円を小切手で支払った。
⑩ 店主が家族の保険料4,500円を店の金庫の現金から支払った。
⑪ 期末に店主の引出金 85,000円（借方残高）を適切に処理した。
⑫ 商品券 50,000円を販売し，代金は現金で受け取った。
⑬ 商品を250,000円売上げ，代金のうち120,000円は他店の商品券を受け取り，残りは現金で受け取った。
⑭ 社員に給料の前借りを依頼され，現金50,000円を支払った。
⑮ 給料428,000円の支払いに際し，源泉所得税58,000円と社会保険料11,600円および上記給料の前貸し分を差し引いた金額を現金で支払った。
⑯ 上記源泉所得税58,000円を税務署に現金で支払った。

	借　　　方	貸　　　方
①		
②		
③		
④		
⑤		
⑥		
⑦		
⑧		
⑨		
⑩		
⑪		
⑫		
⑬		
⑭		
⑮		
⑯		

[36] 次の取引を仕訳しなさい。
　① 消耗品25,500円を購入し現金で支払った。当社は消耗品を購入したときにただちに費用として処理している。
　② 決算に当たり，消耗品の未使用高が12,000円であった。

	借　　　方	貸　　　方
①		
②		

12 伝票会計

12-1 3伝票制

　伝票は取引内容を仕訳が可能な形式で記帳されている紙片である。伝票を用いた記帳システムは大量の取引を仕訳できるので帳簿記帳の効率化に役立つ。伝票会計の手続きは，次図のように，仕訳帳に代わって伝票を用いる。

取　引 ⟹ 伝　票 ⟹ 元　帳

　何種類の伝票に取引を記録するかに関しては，3伝票制と5伝票制があるが，本書では3伝票制を取り上げる。

　3伝票とは，入金伝票，出金伝票，振替伝票のことである。現金の収入（入金）があったときには**入金伝票**，現金の支払（出金）があったときには**出金伝票**，現金の収支を伴わない取引のときには**振替伝票**に記録する。

　　　⎧　入金の取引→入金伝票
　　　⎨　出金の取引→出金伝票
　　　⎩　その他の取引→振替伝票

12-2 伝票の記録

　入金取引は現金の増加であり，現金勘定の借方に記入されることはわかっているから，入金伝票には相手勘定科目（貸方科目）と入金額を記入するだけでよい。例えば，平成〇年9月22日に売掛金80,000円を現金で回収したときの入金伝票への記入（略式）は次のようになる（左側）。

入　金　伝　票		
平成〇年9月22日		
科　　目	金　　額	
売　掛　金	80,000	

出　金　伝　票		
平成〇年9月5日		
科　　目	金　　額	
買　掛　金	55,000	

　同様に，出金取引は現金の減少であり，現金勘定の貸方に記入されることはわかっているから，出金伝票には相手勘定科目（借方科目）と出金額を記入するだけでよい。例えば，平成〇年9月5日に買掛金55,000円を現金で支払ったときの出金伝票への記入（略式）は前頁の右図のようになる。

　振替伝票への記録は通常の仕訳の方法と同じである。例えば，平成〇年9月12日に商品を140,000円で掛け売りしたときの振替伝票（略式）への記録は次のようになる。

振　替　伝　票			
平成〇年9月12日			
借方科目	金　　額	貸方科目	金　　額
売　掛　金	140,000	売　　上	140,000

例題36　次の取引を必要な伝票に記録しなさい。
10/ 3　買掛金183,200円を現金で支払った。
　11　貸付金の利息24,800円を現金で受け取った。
　18　商品を売り上げ，代金150,000円のうち30,000円を現金で受け取り，残金は掛けとした。

解 答

出 金 伝 票	
平成○年10月3日	
科　　目	金　　額
買 掛 金	183,200

入 金 伝 票	
平成○年10月11日	
科　　目	金　　額
受取利息	24,800

入 金 伝 票	
平成○年10月18日	
科　　目	金　　額
売　　上	30,000

振 替 伝 票			
平成○年10月18日			
借方科目	金　額	貸方科目	金　額
売 掛 金	120,000	売　　上	120,000

または

入 金 伝 票	
平成○年10月18日	
科　　目	金　　額
売 掛 金	30,000

振 替 伝 票			
平成○年10月18日			
借方科目	金　額	貸方科目	金　額
売 掛 金	150,000	売　　上	150,000

例題37　商品を売上げ，代金500,000円のうち350,000円は現金で受け取り，残りは掛けとした取引において，入金伝票を次のように作成した場合について，振替伝票への記入を行いなさい。

入 金 伝 票	
科　　目	金　　額
売 掛 金	350,000

解 答

この取引は次のような仕訳になる。

（借方）現　　　金　350,000　　（貸方）売　　　上　500,000
　　　　売 掛 金　150,000

しかし，入金伝票に次の仕訳をしたことになる。
（借方）現　　　金　350,000　　（貸方）売　掛　金　350,000
したがって，振替伝票には次のような仕訳を行えばよい。
（借方）売　掛　金　500,000　　（貸方）売　　　上　500,000

<table>
<tr><th colspan="4">振　替　伝　票</th></tr>
<tr><th>借方科目</th><th>金　　額</th><th>貸方科目</th><th>金　　額</th></tr>
<tr><td>売　掛　金</td><td>500,000</td><td>売　　上</td><td>500,000</td></tr>
</table>

【練 習 問 題】

[37] 次の伝票記入に基づいて必要な転記を現金勘定に行いなさい。相手勘定科目も記入すること。

<table>
<tr><th colspan="2">入　金　伝　票</th></tr>
<tr><th colspan="2">平成○年5月8日</th></tr>
<tr><td>売　掛　金</td><td>88,000</td></tr>
</table>

<table>
<tr><th colspan="2">出　金　伝　票</th></tr>
<tr><th colspan="2">平成○年5月6日</th></tr>
<tr><td>買　掛　金</td><td>25,000</td></tr>
</table>

<table>
<tr><th colspan="2">入　金　伝　票</th></tr>
<tr><th colspan="2">平成○年5月30日</th></tr>
<tr><td>受取利息</td><td>7,600</td></tr>
</table>

<table>
<tr><th colspan="2">出　金　伝　票</th></tr>
<tr><th colspan="2">平成○年5月25日</th></tr>
<tr><td>給　　料</td><td>55,000</td></tr>
</table>

現　　金

5/1 繰　越	158,600		

[38]
(1) 次の2枚の伝票は，それぞれある1つの取引について作成されたものである。これらの伝票から取引を推定し，その取引の仕訳を行いなさい。

入　金　伝　票		
平成〇年5月15日		
科　　目	金　　額	
売 掛 金	50,000	

振　替　伝　票			
平成〇年5月15日			
借方科目	金　額	貸方科目	金　額
売 掛 金	140,000	売　　上	140,000

借　　　方	貸　　　方

(2) 先日出張していた従業員が8月10日に帰社し，出張のさい概算で支払っていた旅費88,000円の精算を行い5,000円足りなかったので，現金で支払った。そのときに出金伝票に次のような記入を行っているとすれば，振替伝票にはどのように記入すればよいか。

出　金　伝　票	
平成〇年8月10日	
科　　目	金　　額
旅　　費	5,000

振　替　伝　票			
平成〇年8月10日			
借方科目	金　額	貸方科目	金　額

第Ⅲ部
決算編

13 決算の手続き

13-1 決算とは

　決算（closing）とは，文字通りには，会計帳簿を締め切ることであるが，通常は財務諸表を作成することまでを含んでいる。決算を行う日が決算日であり，人為的に区切った会計期間の末日ごとに実施される。

　期間中の取引を会計帳簿に記録したとしても，そのままでは締め切ることはできない。それにはいくつかの理由がある。その１つは，現代の会計が発生主義に基づいているということと関係している。例えば，期中に現金を受け取ったり，支払ったりしたときに帳簿に記録されるが，そのすべてがその期間の費用や収益とはならないこともある。その支出や収入のどれだけが当期に関係しているかの整理が必要である。

$$\begin{cases} 当期の支払額 \neq 当期の費用 \\ 当期の収入額 \neq 当期の収益 \end{cases}$$

　また，３分法で商品売買が処理されている場合，繰越商品勘定は期首棚卸高のままであるし，仕入勘定の残高も純仕入高にすぎない。つまり，当期の売上高に対する仕入高（つまり売上原価）となっていない。繰越商品勘定は期末棚卸高に修正しなければ帳簿を締め切ることができない。

　建物や備品等の長期に使用される資産については，現実には年々価値が減少しているから，取得したときの金額と同じままにしておくこともできない。

　他の資産，例えば売掛金や受取手形の勘定残高はそのまま締め切ってもよいのだろうか。つまり，その代金の全部が確実に現金で受け取れるのかどうかも調査しなければならない。

　以上から，帳簿の勘定残高を正しい金額に修正することが決算の時に必要とされる。

13－2　決算手続き

決算は次の手続きから成っている。

決算予備手続き　→　決算本手続き　→　財務諸表の作成

決算の予備手続きには，残高試算表の作成と決算修正処理が含まれる。決算の本手続きは仕訳帳と総勘定元帳の締め切りから成っている。図29に示すように，修正前の残高試算表の金額を基準にこれを修正することによって決算が実施される。

決算は複雑で時間のかかる作業であり，しかも正確性も要求される。そこで，これを効率的に行うために，財務諸表を作成する前に，**精算表**（worksheet）が作成される。精算表は，必ず作成しなければならないものではないが，一覧性があるので簿記の仕組みを理解する上で有用である（図30参照）（精算表の作成方法については第18章を参照のこと）。

```
┌────────────┐     ┌────────────┐     ┌─────────────────┐
│ 修正前     │     │ 決算修正   │     │ 損益計算書の作成 │
│ 残高試算表 │ ⇒   │ 事項の処理 │ ⇒  ├─────────────────┤
│ の作成     │     │            │     │ 貸借対照表の作成 │
└────────────┘     └────────────┘     └─────────────────┘
                      精　算　表
```

図29　決算の手続き

精　算　表

勘定科目	残高試算表		修正記入		損益計算書		貸借対照表	
	借方	貸方	借方	貸方	借方	貸方	借方	貸方
資　　産	××		××	××			××	
負　　債		××	××	××				××
純 資 産		××	××	××				××
収　　益		××	××	××		××		
費　　用	××		××	××	××			
当期純利益					××			××

図30　精　算　表

13-3 決算修正事項

　決算において，総勘定元帳の勘定残高を修正しなければならない項目のことを「決算修正事項」または「決算整理事項」という。これを行う目的は，適正な期間損益を計算し，資産・負債・純資産の正しい実際有高を次年度に引き継ぐことである。

　決算修正事項には，次のようなものがある。
①繰越商品勘定と仕入勘定の修正
②現金過不足勘定の処理
③固定資産の減価償却
④貸倒見積りの設定
⑤消耗品の処理
⑥費用収益の見越し・繰り延べ

　これらの決算修正事項は仕訳によって仕訳帳に記録される。この仕訳のことを「決算修正仕訳」または「決算整理仕訳」と呼んでいる。③現金過不足勘定の処理（70～71頁）と，⑥消耗品の処理（93～94頁）については，すでに説明してあるので，それ以外の決算修正事項について解説していく。

　決算修正のポイントは次のとおりである。
・帳簿残高は実際有り高となっているか。
・その期間の費用はその期間の収益に対応するものか。
・収益や費用はその期間に属するものか。

14 繰越商品勘定と仕入勘定の修正

　商品売買の処理を３分法で行っている場合，決算前では繰越商品勘定は期首棚卸高のままになっている。また，仕入勘定の残高は単に当期仕入高（純仕入高）になっているので，このまま全額を費用とすると純利益が間違って計算される。そこで，決算時において繰越商品勘定の残高を期末棚卸高に修正するとともに，仕入勘定では当期の売上高に対応する売上原価を計算する必要がある（売上原価を仕入勘定で計算する場合と特に売上原価勘定を設けて計算する場合があるが，ここでは前者の方法で解説する）。この作業を繰越商品勘定と仕入勘定との振替処理によって行う。**振替処理**とはある金額をある勘定から別の勘定に移すことである。

　その決算修正仕訳は次のようになる。
　①期首商品棚卸高について
　　（借方）仕　　　入　　×××　　（貸方）繰 越 商 品　　×××
　②期末商品棚卸高について
　　（借方）繰 越 商 品　　×××　　（貸方）仕　　　入　　×××

例題38　次のデータと決算修正事項に基づいて決算修正仕訳を示しなさい。
　［データ］
　　・繰越商品勘定の残高　　25,000円
　　・仕入勘定の残高　　　886,200円
　　・売上勘定の残高　　1,256,600円
　［決算修正事項］
　　　商品の期末棚卸高　　38,000円

解 答

① (借方) 仕　　入　　25,000　　(貸方) 繰越商品　25,000
② (借方) 繰越商品　38,000　　(貸方) 仕　　入　　38,000

　以上の結果，売上原価は873,200円となる。次は売上総利益を計算するための仕訳である。これを**総額法**という。損益勘定に純額の売上総利益ではなく，売上高と売上原価の総額で振り替えられるからである。

③ (借方) 損　　益　　873,200　　(貸方) 仕　　入　　873,200
④ (借方) 売　　上　1,256,600　　(貸方) 損　　益　1,256,600

　これらを勘定に示せば次のようになる。

```
　　　　繰越商品　　　　　　　　　　　　　　仕　　入
前期繰越　25,000 ①仕　入　25,000　　諸　口　886,200 ②繰越商品　38,000
②仕　入　38,000 次期繰越　38,000　　①繰越商品 25,000 ③損　益　873,200
　　　　　63,000　　　　　　63,000　　　　　　911,200　　　　　　911,200

　　　　　売　　上　　　　　　　　　　　　　　損　　益
④損　益 1,256,600 諸　口 1,256,600　　③仕　入　873,200 ④売　上 1,256,600
```

　上記の処理を精算表に示すと次のようになる。

精　算　表　　　　　　　　　　(単位：円)

勘定科目	残高試算表 借方	残高試算表 貸方	修正記入 借方	修正記入 貸方	損益計算書 借方	損益計算書 貸方	貸借対照表 借方	貸借対照表 貸方
繰越商品	25,000		38,000	25,000			38,000	
売　　上		1,256,600				1,256,600		
仕　　入	886,200		25,000	38,000	873,200			

　なお，売上原価を「仕入」の行ではなく，「売上原価」の行を設けて計算する場合には，次のようになる。

110

精 算 表 　　　　　　（単位：円）

勘定科目	残高試算表 借方	残高試算表 貸方	修正記入 借方	修正記入 貸方	損益計算書 借方	損益計算書 貸方	貸借対照表 借方	貸借対照表 貸方
繰 越 商 品	25,000		38,000	25,000			38,000	
売　　　　上		1,256,600				1,256,600		
仕　　　　入	886,200			886,200				
売 上 原 価			25,000 886,200	38,000	873,200			

　その際の修正仕訳は次のように示される。

　　（借方）売 上 原 価　　25,000　　　（貸方）繰 越 商 品　　25,000
　　（借方）売 上 原 価　　886,200　　（貸方）仕　　　　入　　886,200
　　（借方）繰 越 商 品　　38,000　　　（貸方）売 上 原 価　　38,000

【練習問題】

[39]
(1) 決算前の次の勘定残高と決算修正事項に基づいて，必要な決算修正仕訳を総額法で行いなさい。ただし，売上原価は仕入勘定で処理する。

＜勘定残高＞
　　繰 越 商 品　　28,000円　　　仕　　　　入　　556,000円
　　売　　　　上　　826,500円
＜決算修正事項＞
　　期末商品棚卸高　　36,200円

借　　方	貸　　方

14 繰越商品勘定と仕入勘定の修正

(2)次の各問に答えなさい。

<問1> 当期中の商品売買に関する取引を次の各勘定に記入しなさい。番号は取引順を示している。ただし，相手勘定科目は省略してよい。単純化のために取引数は少なくしてある。

［取引］
　①期首商品棚卸高　　　80,000円
　②商品230,000円を掛けで仕入れた。
　③商品を200,000円で販売し，現金を受け取った。
　④商品250,000円を掛けで仕入れた。
　⑤商品を280,000円で掛け売りした。

繰越商品		仕入	

売上	

<問2> 決算修正事項として次のデータを与えられた場合，決算修正仕訳をして売上原価と売上総利益を計算しなさい。ただし，売上原価は仕入勘定で処理する。
　　　期末商品棚卸高　　　180,000円

借　　　方	貸　　　方

売上原価　　　　　　　　円

売上総利益　　　　　　　円

＜問3＞問2の決算修正仕訳を問1の勘定に記録し，勘定を締め切りなさい。

[40] ①決算前の残高試算表（一部）が次のように示されているとき，精算表に必要な記入を行いなさい。期末商品棚卸高は80,000円であった。ただし，売上原価は「仕入」の行で計算するものとする。

精　算　表　　　　　　　　　　（単位：円）

勘定科目	残高試算表		修正記入		損益計算書		貸借対照表	
	借方	貸方	借方	貸方	借方	貸方	借方	貸方
繰越商品	55,000							
売　上		485,800						
仕　入	336,100							

②上記の問題を，「売上原価」の行を使用して売上原価を計算するとどのように示されるか。

精　算　表　　　　　　　　　　（単位：円）

勘定科目	残高試算表		修正記入		損益計算書		貸借対照表	
	借方	貸方	借方	貸方	借方	貸方	借方	貸方
繰越商品	55,000							
売　上		485,800						
仕　入	336,100							
売上原価								

15　有形固定資産の減価償却

　資産には，流動資産と固定資産がある。流動資産には現金・預金のほか，売掛金や受取手形，短期的に現金化される売買目的の有価証券，商品や製品などの棚卸資産，短期の前払費用などがある。前述したように（89頁参照），固定資産は長期にわたって使用される資産である。これには建物，土地，備品のような物的な財産としての有形固定資産と，特許権や営業権のような特定の権利の独占的利用権を表す無形固定資産と，長期貸付金や投資土地など長期間の投資を目的として所有される投資その他の資産に分けられる（図31参照）。

　有形固定資産は長期間使用され，その期間にわたって収益を獲得することに貢献しているから，その一部を毎期費用として計上していくことが，費用と収益とを対応させて適正な期間損益を計算する上では必要である。この費用化の手続きを**減価償却**という。減価償却は有形固定資産の費用配分の方法である。この減価償却によって計上される毎期の費用が減価償却費である。決算時に「**減価償却費**」（費用）勘定によってこれを計上する。

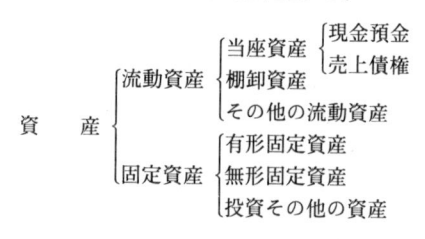

```
         ┌流動資産 ┌当座資産 ┌現金預金
         │        │        └売上債権
         │        ├棚卸資産
資　産 ──┤        └その他の流動資産
         │        ┌有形固定資産
         └固定資産 ┤無形固定資産
                  └投資その他の資産
```

図31　資産の分類

　有形固定資産の価値は，その使用によって，さらに時間の経過とともに減少していく。この価値減少額を表す減価償却費をどのようにして計算するかについては，一種の仮定を用いる。代表的なものとして，定額法と定率法などがあ

るが，ここでは定額法について解説する。

定額法は，価値減少額は使用期間を通じて毎期同額であるとする仮定であり，最も一般的で簡単な方法である。次の計算式によって，毎期の減価償却費を計算する。

$$毎期の減価償却費 = \frac{取得原価 - 残存価額}{耐用年数}$$

取得原価とは当該固定資産の購入価額のことであり，残存価額は利用後の価値であり，スクラップ・バリュー（廃材価値）のことである。通常は税法に規定する取得原価の10％またはゼロとして見積もられる。耐用年数は当該固定資産の利用可能期間のことであり，通常税法に定められる年数が用いられる。図32に示すように，定額法では毎年同じ金額の減価償却費が費用計上されるため，**直線法**（straight line method）とも呼ばれる。

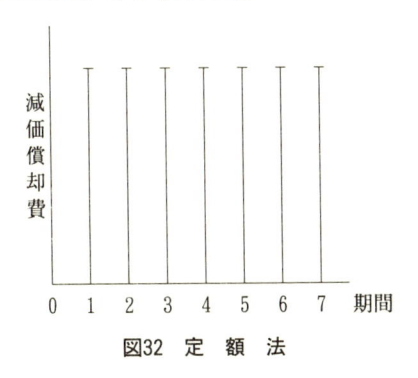

図32 定 額 法

減価償却の会計処理の方法には，直接法と間接法がある。**直接法**は，固定資産の価額を直接減らしていく方法であり，**間接法**はそれを間接的に減らしていく方法である。間接法では毎期の減価償却費は「**○○減価償却累計額**」勘定に累積されていく。この勘定は実質的には関係する固定資産勘定から控除されるべき勘定である。例えば，建物に関して減価償却を行う仕訳を直接法と間接法で示せば，次のようになる。

［直接法］
（借方）減 価 償 却 費　　×××　　（貸方）建　　　　物　　×××
［間接法］
（借方）減 価 償 却 費　　×××　　（貸方）建物減価償却累計額　×××

　直接法では，建物勘定の残高は帳簿価額を表す。間接法で処理すれば，建物勘定は常に取得原価のままであり，取得してから現在までの減価償却費の累計額が減価償却累計額勘定で示されることになるので，直接法よりも情報量が多い。

|例題39|　次の決算修正事項に基づいて決算修正仕訳を示しなさい。

　決算時において，建物（取得原価8,000,000円）について定額法で減価償却する。この建物の耐用年数は30年，残存価額は取得原価の10％とする。会計期間は１年である。

|解　答|

直接法
（借方）減 価 償 却 費　　240,000　　（貸方）建　　　　物　　240,000
間接法
（借方）減 価 償 却 費　　240,000　　（貸方）建物減価償却累計額　240,000
※毎年の減価償却費（8,000,000円－8,000,000円×10％）／30年＝240,000円

　上記の間接法の処理を精算表に示せば次のようになる。ただし，減価償却累計額は720,000円とする。

精　算　表　　　　　　　　　　　　（単位：円）

勘定科目	残高試算表		修正記入		損益計算書		貸借対照表	
	借方	貸方	借方	貸方	借方	貸方	借方	貸方
建　　　物	8,000,000						8,000,000	
減価償却累計額		720,000		240,000				960,000
減価償却費			240,000		240,000			

116

間接法で処理した場合，減価償却累計額は当該固定資産の取得原価から間接的に控除する形で表示される。上記の結果を貸借対照表に表示すると次のようになる。

貸 借 対 照 表

：中略		
建　　　　　物	8,000,000	
減価償却累計額	960,000	7,040,000

　すでに固定資産の売却の処理を取り上げたが（94頁参照），減価償却をしない土地の例であった。減価償却の対象となる固定資産の売却についてここで解説する。建物等の減価償却の対象となる固定資産の売却では，売却価額と売却時における帳簿価額（取得原価－減価償却累計額）との差額が「**固定資産売却益**」（収益）または「**固定資産売却損**」（費用）として処理される（下図）。

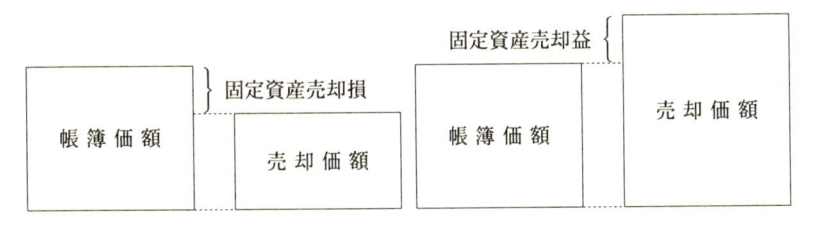

例題40　建物（取得原価8,000,000円，減価償却累計額4,300,000円）を3,800,000円で売却し，代金は月末に受け取ることになった。仕訳を行いなさい。

解　答

（借方）建物減価償却累計額　4,300,000　（貸方）建　　　　　物　8,000,000
　　　　未　収　金　　　　　3,800,000　　　　　固定資産売却益　　100,000

15 有形固定資産の減価償却

【練 習 問 題】

[41] 有形固定資産の決算修正に関して次の各問に答えなさい。

(1) 20×1年の初めに取得した建物（取得原価2,000,000円）に対して定額法によって減価償却を行った。耐用年数は5年，残存価額は取得原価の10％とする。決算は年1回である。毎期の減価償却額はいくらか。

| | 円 |

(2) (1)の決算修正仕訳を示しなさい。

	借　　　方	貸　　　方
直接法		
間接法		

(3) (1)の場合，次の各年度の減価償却額，減価償却累計額および帳簿価額を計算せよ。

年	減価償却額	減価償却累計額	帳簿価額
20×1			
20×2			
20×3			
20×4			
20×5			

[42] 決算前の残高試算表（一部）が次のように示されているとき，決算修正事項によって精算表に必要な記入を行いなさい。

[決算修正事項]
　備品の減価償却を定額法で行う。備品の耐用年数は5年で，残存価額は取得原価の10％とする。決算は年1回である。

精　算　表　　　　　　　　（単位：円）

勘定科目	残高試算表 借方	残高試算表 貸方	修正記入 借方	修正記入 貸方	損益計算書 借方	損益計算書 貸方	貸借対照表 借方	貸借対照表 貸方
備　　品	850,000							
備品減価償却累計額		306,000						
(　　　　)								

[43] [42]の結果を貸借対照表に表示しなさい。

貸借対照表

　：
　：中略
　備　　品（　　　　）
　減価償却累計額（　　　　）（　　　　）

[44] 建物（取得原価12,000,000円，減価償却累計額7,500,000円）を3,600,000円で売却し，代金は月末に受け取ることになった。仕訳をしなさい。

借　　方	貸　　方

16 貸倒見積りの処理

　商品の売上げに伴って発生する債権は総称して**売上債権**と呼ばれる。これには，売掛金と受取手形が含まれる。これらの売上債権は必ずしも全額が回収されるとは限らない。事実，取引相手（得意先）のなかには倒産して回収不能となる可能性がある。このように債権の一部が回収不能になることを**貸し倒れ**という。

　実際にはまだ貸し倒れとなっていないのになぜ決算において問題となるのかというと，それは適正な期間損益計算を行うためである。そのためには費用はその期間の収益に適切に対応させなければならない。その費用はどの期間の収益を上げるために必要となったのかという観点から，費用を計上するのである。

　当期末の売上債権の残高は当期中の売上の結果であるから，将来その売上債権のなかから貸倒れになった場合に，その損失を負担すべき期間は次期以降ではなく当期である。それゆえに，期末の決算で売上債権の残高に対して，そのなかから将来に貸し倒れとなる可能性のある金額を見積もって計上する必要がある。貸倒見積額を費用として計上することを貸倒償却という。

　実は，信用取引を商慣習としている実務界においては，貸し倒れは日常茶飯事のことで，毎期ほぼ一定割合発生している。そこで，過去の経験などを加味して売掛金と受取手形の期末残高に対して2％とか3％とかの割合を貸し倒れとして，見積計上する。そのときの費用として「**貸倒引当金繰入**」（費用）勘定を用いる。もちろん，金額は単なる予想，見積にすぎず，現実には貸し倒れが生じているわけではないので，直接に売掛金等を控除するわけにはいかない。そこで「**貸倒引当金**」勘定を用いて処理する。

　例題41　　x1年の決算の時点で売掛金の残高が100,000円あり，この金額に対して3％の貸し倒れを見積もって計上したときの貸倒見積高を計算し，そ

の決算修正仕訳を示しなさい。

解答

［貸倒見積高］　100,000円×3％＝3,000円
［決算修正仕訳］
（借方）貸倒引当金繰入　　3,000　　（貸方）貸　倒　引　当　金　　3,000

貸方の**貸倒引当金**勘定は，次のような性質を持っている。
①減価償却累計額と同じように，この勘定は資産（この場合には売掛金）からの控除項目である。つまり，帳簿価額（簿価と略す）を計算すれば，上の例では，100,000円－3,000円＝97,000円になる。
②この金額は見積りにすぎない。
③現実に発生したものではなく，将来の発生に備えるものである。

例えば，×2年にこの売掛金の内，2,000円が回収不能になったとする。その時には，次のように仕訳をしてこの貸し倒れを×2年の損益に影響させない。

（借方）貸　倒　引　当　金　　2,000　　（貸方）売　　掛　　金　　2,000

次に，決算時に貸倒引当金勘定に残高がある場合を考えてみよう。これは，前期の決算で計上した金額が実際の貸倒額より多かったことを示している。

この場合には，決算時に新たに貸倒見積額を計上するのに2つの仕訳の方法（処理法）があるが，ここでは**差額補充法**について解説する。

差額補充法は決算時に新たに設定する貸倒見積額からこの貸倒引当金残高を控除した残りの差額だけを当期末に計上する方法である。

例題42　受取手形の勘定残高が300,000円，売掛金の勘定残高が260,000円であったとする。売掛金と受取手形の勘定残高に対して2％の貸倒引当金を設定する。ただし，貸倒引当金の残高が3,200円ある。その時の決算修正仕訳を差額補充法によって行いなさい。

解 答

※新たな設定額　560,000円×2％＝11,200円

補充額　11,200円－3,200円＝8,000円

（借方）貸倒引当金繰入　　8,000　　（貸方）貸 倒 引 当 金　　8,000

なお，新たな設定額よりも貸倒引当金の勘定残高が多い場合には，「**貸倒引当金戻入**」(収益)勘定で処理する。

上記の処理を精算表に示せば次のようになる。

精　算　表　　　　　　　　　　(単位：円)

勘 定 科 目	残高試算表		修 正 記 入		損益計算書		貸借対照表	
	借 方	貸 方	借 方	貸 方	借 方	貸 方	借 方	貸 方
受 取 手 形	300,000						300,000	
売 掛 金	260,000						260,000	
貸 倒 引 当 金		3,200		8,000				11,200
貸倒引当金繰入			8,000		8,000			

貸借対照表には貸倒引当金を当該勘定から間接的に控除する形式で表示される。例えば，上記の結果を貸借対照表に表示すると次のようになる。

貸 借 対 照 表

：			
受 取 手 形		300,000	
貸倒引当金		6,000	294,000
売 掛 金		260,000	
貸倒引当金		5,200	254,800

実際に貸し倒れとなったときには，その売上債権が前期のものであれば，すでに述べたように，貸倒引当金を充てればよい。しかし，貸倒引当金の設定額を超えて貸し倒れが発生した場合には，その超過額を「**貸倒損失**」(費用)勘定で処理する。

例題43　売掛金（前期分）18,000円が貸し倒れとなった。貸倒引当金の勘定残高が11,200円ある。

解　答

（借方）貸　倒　引　当　金　　11,200　　（貸方）売　　掛　　金　　18,000
　　　　貸　倒　損　失　　　　 6,800

なお，前期以前に貸し倒れとして処理したものの，後日代金の一部が回収できることがある。このときは，その金額を「**償却債権取立益**」（収益）勘定で処理する。

例題44　前期に貸し倒れとして処理していた売掛金の一部8,000円が現金で回収された。

解　答

（借方）現　　　　　金　　　 8,000　　（貸方）償却債権取立益　　 8,000

【練 習 問 題】

[45] 売上債権の決算修正に関して，次の各問いに答えなさい。

(1) 売掛金1,200,000円と受取手形580,000円に対して3％の貸倒引当金を設定した。設定される貸倒引当金の金額を求めなさい。

| | 円 |

(2) (1)の決算修正仕訳を示しなさい。

借　　方	貸　　方

16 貸倒見積りの処理　●　123

(3)(1)で，もし貸倒引当金の勘定残高が，25,000円あったとき，差額補充法によって決算修正仕訳を示しなさい。

借　　　　方	貸　　　　方

[46] 決算前の残高試算表（一部）が次のように示されているとき，決算修正事項によって精算表に必要な記入を行いなさい。

[決算修正事項]
売掛金と受取手形の勘定残高に対して2％の貸倒引当金を差額補充法で設定する。

精　算　表　　　　　　　　　　（単位：円）

勘定科目	残高試算表		修正記入		損益計算書		貸借対照表	
	借方	貸方	借方	貸方	借方	貸方	借方	貸方
受 取 手 形	420,000							
売　掛　金	250,000							
貸倒引当金		4,600						
(　　　)								

[47] 仕訳しなさい。

① 前期の売掛金22,000円が回収不能となり，貸倒れとして処理した。なお，貸倒引当金が48,000円残っている。

② 前期の売掛金45,000円が回収不能となり，貸倒れとして処理した。なお，貸倒引当金が38,000円ある。

③ 前期に貸し倒れとして処理していた売掛金の一部15,000円が現金で回収された。

	借　　　　方	貸　　　　方
①		
②		
③		

[48] 決算時点における売掛金と受取手形の勘定残高に対して2％の貸倒れを見積った。次のデータに基づき，売掛金と受取手形の帳簿価額を計算しなさい。

［データ］

決算時点における勘定残高：

売 掛 金　2,800,000円　　　受 取 手 形　3,500,000円

帳簿価額：売掛金 [　　　　] 円　受取手形 [　　　　] 円

[49] [48]の結果を貸借対照表に表示しなさい。

貸 借 対 照 表

：	
受 取 手 形　（　　　）	
貸倒引当金　（　　　）（　　　）	
売 掛 金　（　　　）	
貸倒引当金　（　　　）（　　　）	

16 貸倒見積りの処理

17 費用・収益の見越し・繰り延べ

　ある費用項目（例えば，家屋の賃借料）のために支払った金額がすべて支払った期間の費用となるとは限らないし，逆に，ある収益項目（例えば，貸付金の受取利息）として受け取った金額がすべて受け取った期間の収益になるとは限らない。

$$\begin{cases} \text{×1年度に支払った金額} \neq \text{×1年度の費用} \\ \text{×1年度に受け取った金額} \neq \text{×1年度の収益} \end{cases}$$

　また，実際に支払ったり，受け取ったりしていないが，その期間の費用または収益として計上しなければならないものもある。このように，適正な期間損益計算を行うためにこれらを決算時において調整する必要がある。このことが問題になるのは，次のような場合である。

　　a．費用，収益が時の経過とともに発生する。
　　b．支払いや受取りが2会計期間以上に関係する。
　　c．通常，サービス授受に関する契約がある。

　すでに支払ったり，受け取ったりした金額の内，その金額が当期だけではなく次期以降に関係する場合には，当期に属する金額だけを費用または収益として計上するために，次期以降に属する金額はこれをすでに支払ったり受け取ったりした金額の中から控除して，次期の費用・収益に関係させる必要がある。これを費用・収益の繰り延べという。

　これに対して，数期間にわたってあるサービスの授受に対して代金の受け払いをする契約が行われている場合，すでにサービス（例えば，家屋の利用）を受けた期間に対してその代金の支払いが行われていない時にはサービスを受けた期間の費用とし，すでにサービスを提供したがその受取りが行われていない時には，提供した期間の代金をその期間の収益として計上しなければならない。

これを費用・収益の**見越し**という。

サービスは用役とか役務と訳されるが、これは何らかの目に見えない価値ある機能や役立ちのことである。例えば、部屋を利用するということは、部屋という空間を自由に使用することによって、そこからいろいろな益や恩恵（雨露をしのげる、寝たり、横になってくつろいだり、ゆっくりと食事をしたりできる）を受ける。

以上をまとめると、次の4項目があることがわかる。
①費用の繰り延べ
②収益の繰り延べ
③費用の見越し
④収益の見越し

①費用の繰り延べ

すでに数期間にわたるサービスの受け入れに対する代金の支払いが完了しているが、その代金の内まだサービスを受けていない会計期間に属する代金部分を控除して当期の費用に関係させないことを、費用の繰り延べという。繰り延べられた費用はサービスを受ける権利を表す「**前払費用**」（資産）勘定で処理する。

例えば、火災保険料を×1年8/1に2年分1,320,000円を現金で支払ったとする。会計期間は1/1～12/31である。このときの仕訳は次のようになる。

（借方）支払保険料　　1,320,000　　（貸方）現　　　金　　1,320,000

決算の×1年12/31のときに何の調整もしないならば支払保険料は全額×1年の費用となってしまう。これでは、適正な期間損益計算を行うことはできない。そこで、決算の時に次のような修正を行って次期以降に費用を繰り延べる。

（借方）前払保険料　　1,045,000*　　（貸方）支払保険料　　1,045,000

　＊1,320,000円/24カ月×19カ月

この結果、当期の保険料は275,000円だけ計上されることになる。借方の前払保険料は次期以降に受ける権利のあるサービスに対する代金を意味しているから、資産としての性質を持つ。

以上を勘定に記入すると次のようになる。

支払保険料			前払保険料		
8/1　1,320,000	12/31　　　1,045,000	12/31　1,045,000	12/31 次期繰越 1,045,000
	〃　損　益　275,000		
1,320,000	1,320,000		

また，精算表に示せば次のようになる。

精　算　表　　　　　　　（単位：円）

勘定科目	残高試算表		修正記入		損益計算書		貸借対照表	
	借方	貸方	借方	貸方	借方	貸方	借方	貸方
支払保険料	1,320,000			1,045,000	275,000			
前払保険料			1,045,000				1,045,000	

次期の最初の日（上の例では×2年1/1）に次の仕訳を行っておく。これを**再振替仕訳**という。

　（借方）支払保険料　　1,045,000　　（貸方）前払保険料　　1,045,000

例題45　支払保険料の勘定残高は150,000円であった。このうち，120,000円は9月1日に向こう1年分を支払ったものである。決算は毎年12月31日である。決算修正仕訳を行いなさい。また，精算表に記入しなさい。

解　答

　（借方）前払保険料　　80,000　　（貸方）支払保険料　　80,000

精　算　表　　　　　　　（単位：円）

勘定科目	残高試算表		修正記入		損益計算書		貸借対照表	
	借方	貸方	借方	貸方	借方	貸方	借方	貸方
支払保険料	150,000			80,000	70,000			
前払保険料			80,000				80,000	

②収益の繰り延べ

すでに代金は受け取っているが、まだサービスを提供していない期間に対する代金を次期以降の収益とすることを収益の繰り延べという。この金額部分は次期以降にサービスを提供する責務を表す「**前受収益**」（負債）勘定で処理しておく。

例えば、平成×1年の4/1に当社の所有する家屋を賃貸するために賃貸借契約を結び、その際に1年分の賃貸料3,000,000円を現金で受け取ったとする。その時の仕訳は次のようになる。

（借方）現　　金　3,000,000　　（貸方）受取賃貸料　3,000,000

もし決算日が毎年12/31であるならば、まだサービスを提供していない×2年1/1～3/31に対する代金750,000円は次期以降の収益として決算において次のように修正しておく。

（借方）受取賃貸料　750,000　　（貸方）前受賃貸料　750,000

次期の最初の日（上の例では×2年1/1）に次の再振替仕訳を行っておく。

（借方）前受賃貸料　750,000　　（貸方）受取賃貸料　750,000

例題46　受取利息の決算前の勘定残高が30,000円であった。この金額は×1年4/1に1,000,000円を貸し付けた際に受け取った1年分の利息である。決算が毎年12/31であるとき必要な決算修正仕訳を行い、精算表に記入しなさい。

解　答

（借方）受　取　利　息　7,500　　（貸方）前　受　利　息　7,500

精　算　表　　　　　　　　　　（単位：円）

勘定科目	残高試算表 借方	残高試算表 貸方	修正記入 借方	修正記入 貸方	損益計算書 借方	損益計算書 貸方	貸借対照表 借方	貸借対照表 貸方
受 取 利 息		30,000	7,500			22,500		
前 受 利 息				7,500				7,500

17　費用・収益の見越し・繰り延べ

③費用の見越し

すでにサービスの提供を受けているがそれに対する支払を行っていない場合に，この代金分を費用として計上することを費用の見越し計上という。代金の未払分については支払義務を表す「**未払費用**」（負債）勘定で処理する。

例えば，当社は×1年の6/1に1年間の賃貸借契約（1ヵ月180,000円）をしたが賃借料は1年後に支払われることになっていた。当社の決算日が毎年12/31であったなら，次のような決算修正仕訳を行う。

（借方）支払賃借料　1,260,000　　（貸方）未払賃借料　1,260,000

次期の最初の日（上の例では×2年1/1）に次の再振替仕訳を行っておく。

（借方）未払賃借料　1,260,000　　（貸方）支払賃借料　1,260,000

例題47　支払利息の決算前の勘定残高は228,000円であった。当期に属する利息の未払高が25,000円あるとき，決算修正仕訳を行いなさい。また，精算表に記入しなさい。

解　答

（借方）支　払　利　息　25,000　　（貸方）未　払　利　息　25,000

精　算　表

（単位：円）

勘定科目	残高試算表		修正記入		損益計算書		貸借対照表	
	借方	貸方	借方	貸方	借方	貸方	借方	貸方
支 払 利 息	228,000		25,000		253,000			
未 払 利 息				25,000				25,000

④収益の見越し

すでにサービスを提供したが，それに対する代金をまだ受け取っていないとき，その代金を当期の収益として計上することを収益の見越し計上という。その代金はまだ受け取っていないので，受け取る権利を表す「**未収収益**」（資産）勘定として処理しておく。

例えば，定期預金5,000,000円を銀行に預けているとする。年利率が5％で

3月末と9月末が利払日である。当社の決算日が毎年12/31であったとすれば，当期（平成×1）の10/1～12/31までの利息は次期の3月末に受け取られる。しかし，この期間はすでに経過していて利息を受け取る権利も発生しているから，次のように決算修正仕訳を行う。

　　（借方）未 収 利 息　　　62,500*　　（貸方）受 取 利 息　　　62,500
　　＊5,000,000円×0.05×3/12

次期の最初の日（上の例では×2年1/1）に次の再振替仕訳を行っておく。

　　（借方）受 取 利 息　　　62,500　　（貸方）未 収 利 息　　　62,500

例題48　受取利息の決算前の勘定残高は68,000円であった。当期に属する利息の未収高が12,000円あったとき，必要な決算修正仕訳を行い，精算表に記入しなさい。

解　答

　　（借方）未 収 利 息　　　12,000　　（貸方）受 取 利 息　　　12,000

精　算　表　　　　　　　　　（単位：円）

勘定科目	残高試算表 借方	残高試算表 貸方	修正記入 借方	修正記入 貸方	損益計算書 借方	損益計算書 貸方	貸借対照表 借方	貸借対照表 貸方
受 取 利 息		68,000		12,000		80,000		
未 収 利 息			12,000				12,000	

以上をまとめると次のようになる（図33も参照）。
① 前もって支払がある場合は「費用の繰延べ」
② 前もって収入がある場合には「収益の繰延べ」
③ 後に支払があるときは「費用の見越し」
④ 後に収入がある場合には「収益の見越し」

・決算修正仕訳（家賃の場合）
　＜費用の繰延べ＞
　　　（借方）前 払 家 賃　　×××　　（貸方）支 払 家 賃　　×××

17　費用・収益の見越し・繰り延べ　●――― 131

＜収益の繰延べ＞
　　（借方）受取家賃　×××　　（貸方）前受家賃　×××
＜費用の見越し＞
　　（借方）支払家賃　×××　　（貸方）未払家賃　×××
＜収益の見越し＞
　　（借方）未収家賃　×××　　（貸方）受取家賃　×××

費用・収益の繰延と見越処理に伴って発生する資産・負債を**経過勘定**（項目）という。

種　類	支払い	経過勘定	資産・負債	勘　定　例
費用の繰延	先払い	前払費用	資　産	前払家賃，前払保険料
収益の繰延	前受け	前受収益	負　債	前受家賃，前受利息
費用の見越	後払い	未払費用	負　債	未払家賃，未払利息
収益の見越	後受け	未収収益	資　産	未収家賃，未収利息

図33　経過勘定

【練　習　問　題】

[50] 20×1年8月1日に，半年間の火災保険料144,000円を現金で支払った。当会計期間は20×1年1月1日から12月31日とする。次の各問に答えなさい。

(1)当期分の火災保険料と次期分の火災保険料を計算しなさい。

　　当期分の火災保険料　　　　　　　　円　次期分の火災保険料　　　　　　　　円

(2)12月31日の決算日に必要な修正仕訳を示しなさい。

借　　　方	貸　　　方

(3)20×2年1月1日の再振替仕訳を示しなさい。

借　　　方	貸　　　方

[51] 当社は20×1年4月1日に藤沢銀行に5千万円の定期預金をした（3年定期）。この定期預金の年利率は2.8%である。当会計期間は20×1年1月1日から12月31日とする。次の各問に答えなさい。

(1) 20×1年に計上されるべき受取利息を計算しなさい。

　　　　　　　　　円

(2) 12月31日の決算日に必要な修正仕訳を示しなさい。

借　方	貸　方

(3) 20×2年1月1日の再振替仕訳を示しなさい。

借　方	貸　方

[52] 決算前の残高試算表（一部）が次のように示されているとき，決算修正事項によって精算表に必要な記入を行いなさい。

［決算修正事項］
支払保険料のうち120,000円は9月1日に向こう1年分を支払ったものである。決算は毎年12月31日である。

精　算　表　　　　　　　　（単位：円）

勘定科目	残高試算表		修正記入		損益計算書		貸借対照表	
	借方	貸方	借方	貸方	借方	貸方	借方	貸方
支払保険料	150,000							
(　　　)								

[53] 次の経過勘定についてまとめた表を完成しなさい。　　　　　の中には必要な用語を入れ，(　　)については，その経過勘定が資産に属するものかそれとも負債に属するものか正しい方を○で囲みなさい。

17 費用・収益の見越し・繰り延べ

①費用の繰延べ………… [　　　] 費用 （資産：負債）

②費用の見越し………… [　　　] 費用 （資産：負債）

③収益の繰延べ………… [　　　] 収益 （資産：負債）

④収益の見越し………… [　　　] 収益 （資産：負債）

[54] 決算前の残高試算表（一部）が次のように示されているとき，決算修正事項によって精算表に必要な記入を行いなさい。

[決算修正事項]

消耗品の未使用高　45,000円

精　算　表　　　　　　（単位：円）

勘定科目	残高試算表		修正記入		損益計算書		貸借対照表	
	借方	貸方	借方	貸方	借方	貸方	借方	貸方
消耗品費	152,000							
(　　　)								

[55] 決算前の残高試算表（一部）が次のように示されているとき，決算修正事項によって精算表に必要な記入を行いなさい。

[決算修正事項]

決算時に水道光熱費68,000円の記入漏れが発見された。残りは原因が判明しなかった。

精　算　表　　　　　　（単位：円）

勘定科目	残高試算表		修正記入		損益計算書		貸借対照表	
	借方	貸方	借方	貸方	借方	貸方	借方	貸方
現金過不足	88,200							
水道光熱費	265,000							
(　　　)								

18 精算表と勘定の締め切り

18-1　8桁精算表への記入

　精算表には残高試算表，損益計算書，貸借対照表のそれぞれ借方・貸方の6つの欄をもつ6桁精算表や，その6桁精算表にさらに修正記入欄の2つの欄が追加された8桁精算表などがある。ここでは8桁精算表について解説する。図34は8桁精算表のフォームを示したものである。精算表は，いわゆる会計帳簿ではないし，その作成が不可欠であるわけではないが，決算を一覧表によって試算し，決算の正確性を確認する上で効果的な道具である。

精　算　表　　　　（単位：円）

勘定科目	残高試算表		修正記入		損益計算書		貸借対照表	
	借方	貸方	借方	貸方	借方	貸方	借方	貸方

図34　8桁精算表のフォーム

＜精算表の作成手順＞
　①総勘定元帳の勘定残高を残高試算表欄に書き写す。
　②整理記入欄に決算修正仕訳（決算整理仕訳）を記入する。
　③残高試算表の収益の勘定の金額と整理記入欄の貸方金額を加算し，整理記入欄の借方金額を控除した金額を損益計算書欄の貸方に記入する。
　④残高試算表の費用の勘定の金額と整理記入欄の借方金額を加算し，整理記入欄の貸方金額を控除した金額を損益計算書欄の借方に記入する。
　⑤損益計算書欄の借方・貸方の金額を合計し，損益計算書欄の合計金額の差額が貸方合計＞借方合計の時は「当期純利益」を表示し，損益計算書欄の

―135

借方に記入する。同時に，貸借対照表欄の貸方にも記入する。（逆の場合には，「当期純損失」と表示し，損益計算書欄の貸方に記入する。同時に，貸借対照表欄の借方にも記入する。）
⑥残高試算表の資産の勘定の金額と整理記入欄の借方金額を加算し，貸方金額を控除した金額を貸借対照表欄の借方に記入する。
⑦残高試算表の負債の勘定の金額と整理記入欄の貸方金額を加算し，借方金額を控除した金額を貸借対照表欄の貸方に記入する。
⑧純資産の勘定の金額と整理記入欄の貸方金額を加算し，借方金額を控除した金額を貸借対照表欄の貸方に記入する。
⑨貸借対照表の借方・貸方の金額を合計し，一致することを確認する。
⑩合計金額を記入して二重線で締め切る。

例題49 決算修正前の残高試算表が精算表に記載されている。決算修正事項に基づいて，精算表を完成させなさい。ただし，決算は毎年12月31日である。

［決算修正事項］
①期末商品棚卸高は35,500円である。なお，売上原価は「仕入」の行で計算する。
②売掛金と受取手形の期末残高に対して2％の貸倒れを見積り計上する。なお，貸倒引当金は差額補充法によって設定する。
③建物に対し定額法によって減価償却を行う。なお，この建物の耐用年数は20年，残存価額は取得原価の10％である。
④支払家賃の9,000円は，今年の9月1日に向う1年分を前払いしたものである。
⑤当期に属する支払保険料で未だ支払われていないものが700円ある。
⑥利息の未収高が540円ある。
⑦現金過不足の原因が判明しなかった。
⑧消耗品の未使用高が850円ある。

[解　説]

決算整理（修正）仕訳を示すと次のようになる。

① （借方）仕　　　　入　38,000　（貸方）繰　越　商　品　38,000
　（借方）繰　越　商　品　35,500　（貸方）仕　　　　入　35,500

この仕訳によって，仕入勘定の残高は売上原価となり，その金額は次のようになる。

売上原価＝期首商品残高38,000円＋純仕入高（決算修正前の仕入勘定残高）205,000円－期末商品残高35,500円＝207,500円

② （借方）貸倒引当金繰入　980　（貸方）貸　倒　引　当　金　980

貸倒引当金の設定額は次のようにして求める。

（受取手形残高15,000円＋売掛金残高55,000円）×0.02＝1,400円
1,400円－貸倒引当金残高420円＝980円

③ （借方）減　価　償　却　費　5,400　（貸方）建物減価償却累計額　5,400

間接法で処理しているとは書かれていないが，精算表をみれば「建物減価償却累計額」勘定があるから，間接法で処理しなければならない。

減価償却費の計算は次の通りである。

（取得原価120,000円－残存価額120,000円×10％）／耐用年数20年＝5,400円

④ （借方）前　払　家　賃　6,000　（貸方）支　払　家　賃　6,000

前払額は次のようにして求める。

当期支払額9,000円／12カ月×未経過期間8カ月＝6,000円

⑤ （借方）支　払　保　険　料　700　（貸方）未　払　保　険　料　700

費用の見越し計上である。

⑥ （借方）未　収　利　息　540　（貸方）受　取　利　息　540

収益の見越し計上である。

⑦ （借方）雑　　　　損　550　（貸方）現　金　過　不　足　550

現金過不足勘定の残高が借方であるから不足を表し，雑損ないしは雑損失として処理される。

⑧（借方）消　耗　品　　850　（貸方）消　耗　品　費　　850

　残高試算表をみると，消耗品勘定がないので，購入したときに全額を消耗品費としていることがわかる。そこで，決算では消耗品の未使用分を消耗品費から控除するとともに，それを消耗品として資産計上する。

　残高試算表には存在しない，貸倒引当金繰入，有価証券評価損，減価償却費，前払家賃などの勘定科目は新たに設定することになる。

　以上の結果をもとに精算表を作成すると次のようになる。

解答

精算表

(単位:円)

勘定科目	残高試算表 借方	残高試算表 貸方	修正記入 借方	修正記入 貸方	損益計算書 借方	損益計算書 貸方	貸借対照表 借方	貸借対照表 貸方
現　　　　金	12,000						12,000	
現 金 過 不 足	550			⑧　550				
当 座 預 金	23,660						23,660	
受 取 手 形	15,000						15,000	
売 　掛　 金	55,000						55,000	
貸 倒 引 当 金		420		②　980				1,400
繰 越 商 品	38,000		①35,500	①38,000			35,500	
建　　　　物	120,000						120,000	
建物減価償却累計額		16,200		④ 5,400				21,600
貸 　付　 金	80,000						80,000	
支 払 手 形		20,000						20,000
買 　掛　 金		45,250						45,250
借 　入　 金		30,000						30,000
資 　本　 金		200,000						200,000
売　　　　上		288,500				288,500		
受 取 利 息		4,160		⑦　540		4,700		
仕　　　　入	205,000		①38,000	①35,500	207,500			
給　　　　料	35,420				35,420			
支 払 保 険 料	4,200		⑥　700		4,900			
支 払 家 賃	9,000			⑤ 6,000	3,000			
消 耗 品 費	2,100			⑨　850	1,250			
雑　　　　費	1,000				1,000			
支 払 利 息	3,600				3,600			
貸倒引当金繰入			②　980		980			
減 価 償 却 費			④ 5,400		5,400			
前 払 家 賃			⑤ 6,000				6,000	
未 払 保 険 料				⑥　700				700
未 収 利 息			⑦　540				540	
雑　　　　損			⑧　550		550			
消 　耗　 品			⑨　850				850	
当 期 純 利 益					29,600			29,600
合　　　　計	604,530	604,530	88,520	88,520	293,200	293,200	347,350	347,350

精算表に記載される勘定科目を一覧で示すと，図35のように整理できる。

借 方 側	貸 方 側
貸借対照表	貸借対照表
＜資　産＞	＜資産のマイナス＞
現　　　　　金	貸倒引当金
当　座　預　金	○○減価償却累計額
売　　掛　　金	＜負　債＞
受　取　手　形	買　　掛　　金
繰　越　商　品	支　払　手　形
消　　耗　　品	借　　入　　金
有　価　証　券	未　　払　　金
貸　　付　　金	商　品　券
未　収　入　金	手　形　借　入　金
前　　払　　金	預　　り　　金
他　店　商　品　券	前　　受　　金
手　形　貸　付　金	未　払　費　用
前　払　費　用	前　受　収　益
未　収　収　益	仮　　受　　金
仮　　払　　金	＜純　資　産＞
立　　替　　金	資　　本　　金
建　　　　　物	
備　品　な　ど	損　益　計　算　書
＜純資産のマイナス＞	＜収　益＞
引　　出　　金	売　　　　　上
損　益　計　算　書	受　取　利　息
＜費　用＞	受　取　配　当　金
仕　　　　　入	有　価　証　券　売　却　益
給　　　　　料	有　価　証　券　利　息
支　払　家　賃	貸　倒　引　当　金　戻　入
保　　険　　料	固　定　資　産　売　却　益
広　　告　　料	償　却　債　権　取　立　益
手　形　売　却　損	な　ど
支　払　利　息	
減　価　償　却　費	
貸　倒　引　当　金　繰　入	
消　耗　品　費	
有　価　証　券　売　却　損	
固　定　資　産　売　却　損	
雑　費　な　ど	

図35　勘定科目一覧

18－2　勘定の締め切り

本決算において，総勘定元帳の勘定を締め切ることになるが，その手順は次の通りである。ここで解説する締め切り方を**英米式決算法**という。

①収益の勘定の残高を損益勘定に振り替えて締め切る。
②費用の勘定の残高を損益勘定に振り替えて締め切る。
③損益勘定の残高を資本金勘定に振り替える。
④資産勘定の残高を次期繰越として締め切る。
⑤負債と純資産の勘定の残高を次期繰越として締め切る。

ここで，「振替」とはある勘定の金額を別の勘定へ移すことである。いくつかの費用や収益の勘定残高を収容する**損益勘定**のような勘定は集合勘定と呼ばれる。上記の勘定を締め切るに際して，この損益勘定をあらかじめ総勘定元帳に開設しておく必要がある。

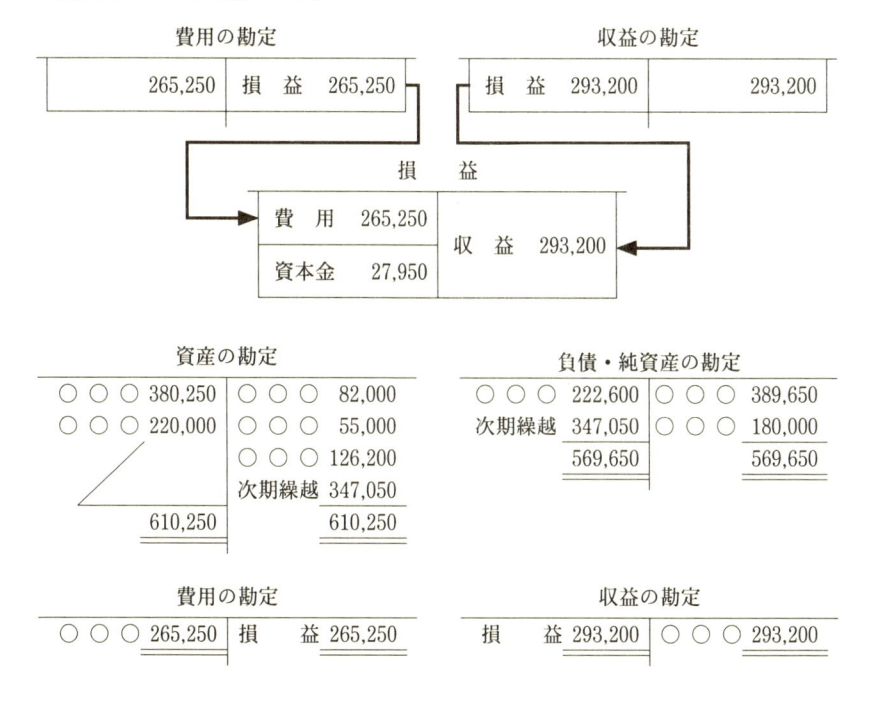

```
       費用の勘定                       収益の勘定
        265,250 │ 損 益 265,250    損 益 293,200 │      293,200

                        損      益
                    費  用  265,250
                                        収 益  293,200
                    資本金   27,950
```

```
       資産の勘定                     負債・純資産の勘定
  ○○○ 380,250 │ ○○○  82,000    ○○○ 222,600 │ ○○○ 389,650
  ○○○ 220,000 │ ○○○  55,000    次期繰越 347,050 │ ○○○ 180,000
                 │ ○○○ 126,200             569,650 │       569,650
                 │ 次期繰越 347,050
         610,250 │         610,250

       費用の勘定                       収益の勘定
  ○○○ 265,250 │ 損 益 265,250    損 益 293,200 │ ○○○ 293,200
```

【練習問題】

[56] 決算修正事項に基づいて，次の精算表を完成させなさい。ただし，決算は年1回である。

[決算修正事項]
1．期末商品有高は30,000円である。なお，売上原価は仕入勘定で処理する。
2．建物について，定額法により減価償却を行う。その耐用年数は20年，残存価額は取得原価の10%とする。
3．受取手形と売掛金の期末残高に対して2％の貸倒引当金を差額補充法によって設定する。
4．支払家賃の未経過高　　200円
5．受取利息の未収高　　　240円

精　算　表　　　　　　　　　　　　（単位：円）

勘定科目	残高試算表 借方	残高試算表 貸方	修正記入 借方	修正記入 貸方	損益計算書 借方	損益計算書 貸方	貸借対照表 借方	貸借対照表 貸方
現　　　　金	11,800							
当　座　預　金	50,000							
受　取　手　形	18,000							
売　　掛　　金	24,000							
貸　倒　引　当　金		240						
繰　越　商　品	36,000							
建　　　　物	100,000							
建物減価償却累計額		9,000						
貸　付　金	73,000							
支　払　手　形		12,000						
買　　掛　　金		20,000						
借　　入　　金		30,000						
資　　本　　金		(　　)						
売　　　　上		286,000						
受　取　利　息		4,160						
仕　　　　入	188,200							
給　　　　料	42,600							
保　険　料	10,000							
支　払　家　賃	1,200							
雑　　　　費	3,000							
支　払　利　息	3,600							
減　価　償　却　費								
貸倒引当金繰入								
前　払　家　賃								
未　収　利　息								
当　期　純　利　益								

18　精算表と勘定の締め切り　●――――143

［57］期末修正事項に基づいて次の精算表を完成させなさい。なお，会計期間は平成x1年1月1日から平成x1年12月31日までの1年である。

［期末修正事項］
1．売掛金の期末残高に対し，2％の貸倒れを見積る。なお，貸倒引当金は差額補充法によって設定する。
2．期末商品棚卸高は240,000円である。なお，売上原価は「仕入」の行で計算する。
3．建物に対し定額法によって減価償却を行う。なお，建物の耐用年数は30年，残存価額は取得原価の10％である。
4．毎月の地代は15,000円であり，毎年10月1日に向う1年分を前払いしている。
5．支払保険料のうち60,000円は平成x1年7月1日から平成x2年6月30日までの支払分である。
6．借入金に対する利息につき12,000円の未払分がある。

精　算　表　　　　　　　　　　　（単位：円）

勘定科目	残高試算表 借方	残高試算表 貸方	修正記入 借方	修正記入 貸方	損益計算書 借方	損益計算書 貸方	貸借対照表 借方	貸借対照表 貸方
現　　　　金	214,000							
当 座 預 金	350,000							
売 　掛 　金	500,000							
繰 越 商 品	200,000							
建　　　　物	1,000,000							
買 　掛 　金		484,000						
借 　入 　金		500,000						
貸 倒 引 当 金		3,000						
減価償却累計額		450,000						
資 　本 　金		800,000						
売　　　　上		2,350,000						
受 取 配 当 金		25,000						
仕　　　　入	1,420,000							
給　　　　料	485,000							
支 払 地 代	315,000							
支 払 保 険 料	90,000							
支 払 利 息	38,000							
	4,612,000	4,612,000						
貸倒引当金繰入								
減 価 償 却 費								
（　　　）地　代								
（　　　）保 険 料								
（　　　）利　息								
（　　　　　　）								

（日商簿記検定3級，一部修正）

[58] 次の決算修正事項に基づき答案用紙の精算表を完成させなさい。ただし，決算は年1回である。

［決算修正事項］
 1．期末商品有高は4,200円である。なお，売上原価は「仕入」勘定の行で処理する。
 2．建物について，定額法により減価償却を行う。その耐用年数は15年，残存価額は取得原価の10％とする。
 3．受取手形と売掛金の期末残高に対して3％の貸倒引当金を差額補充法によって設定する。
 4．保険料の未経過分が，420円ある。
 5．現金過不足のうち500円は利息の支払いの記入漏れであることが判明した。残りは不明であり適切に処理する。
 6．消耗品の未使用高が250円ある。

精　算　表　　　　　　　　　　　　　　（単位：円）

勘定科目	残高試算表 借方	残高試算表 貸方	修正記入 借方	修正記入 貸方	損益計算書 借方	損益計算書 貸方	貸借対照表 借方	貸借対照表 貸方
現　　　　金	9,840							
現 金 過 不 足	800							
受 取 手 形	5,500							
売 　掛　 金	4,500							
貸 倒 引 当 金		65						
繰 越 商 品	4,800							
建　　　　物	18,000							
建物減価償却累計額		3,240						
支 払 手 形		2,800						
買 　掛　 金		8,100						
借 　入　 金		9,000						
資 　本　 金		15,000						
売　　　　上		85,000						
仕　　　　入	59,500							
支 払 家 賃	4,850							
給　　　　料	11,985							
保 　険　 料	2,140							
支 払 利 息	630							
消 耗 品 費	660							
（　　　　）								
（　　　　）								
雑　（　　）								
（　　）保険料								
消 　耗　 品								
当 期 純 利 益								
合　　　計	123,205	123,205						

[59] 次の精算表および修正記入欄に適当な金額を記入して精算表を完成しなさい。

精算表

(単位：円)

勘定科目	残高試算表 借方	残高試算表 貸方	修正記入 借方	修正記入 貸方	損益計算書 借方	損益計算書 貸方	貸借対照表 借方	貸借対照表 貸方
現金預金	140,000						140,000	
受取手形	80,000						80,000	
売掛金	148,000						148,000	
繰越商品	150,000		210,000	150,000			210,000	
建物	440,000						440,000	
支払手形		100,000						100,000
買掛金		150,000						150,000
借入金		250,000						250,000
貸倒引当金		6,000		2,000				8,000
建物減価償却累計額		70,000		13,500				83,500
資本金		350,000						350,000
売上		570,000				570,000		
受取手数料		38,000	8,000			30,000		
仕入	420,000		150,000	210,000	360,000			
給料	119,000				119,000			
広告費	16,500		3,500		20,000			
保険料	12,000			4,000	8,000			
支払利息	8,500				8,500			
	1,534,000	1,534,000						
貸倒引当金繰入			2,000		2,000			
減価償却費			13,500		13,500			
未払広告費				3,500				3,500
前払保険料			4,000				4,000	
前受手数料				8,000				8,000
			391,000	391,000	531,000	600,000	1,022,000	953,000
当期純利益					69,000			69,000
					600,000	600,000	1,022,000	1,022,000

(日商簿記検定3級：一部修正)

[60] 次の勘定を締め切りなさい。

売　掛　金

前期繰越	228,000	売　　上	5,800
売　　上	72,400	受取手形	100,000
〃	125,200	現　　金	98,000

買　掛　金

現　　金	146,000	前期繰越	235,000
仕　　入	6,500	仕　　入	58,000
支払手形	105,000	〃	123,000

売　　上

売掛金	5,800	売掛金	72,400
		受取手形	180,000
		売掛金	125,000

支払利息

現　　金	18,200		
〃	8,500		

[61] 下記の資料にもとづいて，損益計算書と貸借対照表を作成しなさい。会計期間は平成〇年1月1日から12月31日までの1年間とする。

（A）決算修正前残高試算表

残　高　試　算　表
平成〇年12月31日

借　方	勘定科目	貸　方
142,500	現　　　　金	
8,800	現金過不足	
250,000	当座預金	
280,000	売　掛　金	
150,000	繰越商品	
50,000	仮　払　金	
500,000	建　　　　物	
	支払手形	55,000
	買　掛　金	225,000
	貸倒引当金	2,500
	建物減価償却累計額	180,000
	資　本　金	800,000
	売　　　　上	885,800
426,000	仕　　　　入	
155,000	給　　　料	
33,600	支払家賃	
82,000	旅費交通費	
19,200	保　険　料	
42,800	水道光熱費	
8,400	雑　　　費	
2,148,300	合　　　計	2,148,300

(B) 未処理事項
① 仮払金50,000円は社員の出張費の概算額であるが社員が帰社し精算を行ったところ超過額の8,000円が現金で返済されていた。
② 前期に貸倒として処理していた売掛代金の一部12,000円が現金で回収された。

(C) 決算修正事項
① 商品の期末棚卸高は188,000円である。
② 他鋳物について、定額法により減価償却を行う。その耐用年数は30年、残存価額は取得原価の10%とする。
③ 売掛金の期末残高に対して3％の貸倒引当金を差額補充法によって設定する。
④ 保険料は平成〇年5月1日に1年分を支払ったものである。
⑤ 現金過不足について、電力料5,000円を現金で支払っていたが見記帳であった。残額については不明である。
⑥ 支払家賃の未払分が2,600円ある。

貸 借 対 照 表
平成〇年12月31日

現　　　　　金		(　　　)	支 払 手 形	55,000
当 座 預 金		250,000	買　 掛　 金	225,000
売　 掛　 金	280,000		未 払 費 用	(　　　)
(　　　　)	(　　　)	(　　　)	資　 本　 金	800,000
商　　　　品		(　　　)	当 期 (　　　)	(　　　)
前 払 費 用		(　　　)		
建　　　　物	500,000			
減価償却累計額	(　　　)	(　　　)		
		(　　　)		(　　　)

損 益 計 算 書
平成〇年1月1日から12月31日まで

売 上 原 価	(　　　)	売　 上　 高	885,800
給　　　　料	155,000	(　　　)	(　　　)
支 払 家 賃	(　　　)		
貸倒引当金繰入	(　　　)		
減 価 償 却 費	(　　　)		
水 道 光 熱 費	(　　　)		
保　 険　 料	(　　　)		
旅 費 交 通 費	(　　　)		
雑　　　　費	8,400		
(　　　)	(　　　)		
当 期 (　　　)	(　　　)		
	(　　　)		(　　　)

総合問題

1. 平成○年4月1日より営業を始めた文教商店の5月までの取引は次の通りであった。文教商店の5月31日現在における貸借対照表と4月1日から5月31日までの損益計算書を作成しなさい。

[取引データ]

- 4月1日　文教太郎が自ら5,000千円の現金を元入れして商品売買業を始めた。
- 　4日　事務用消耗品代30千円を現金で支払った。
- 　5日　銀行から営業用に現金4,000千円を借り入れた。
- 　10日　備品500千円を現金で買い入れた。
- 　14日　商品3,000千円を現金で仕入れた。
- 　16日　商品2,000千円を横浜商店より掛で仕入れた。
- 　25日　給料500千円を現金で支払った。
- 　26日　仕入原価4,500千円の商品を6,500千円で神奈川商店へ掛け売りした。
- 5月6日　広告料50千円を現金で支払った。
- 　15日　横浜商店の買掛金1,000千円を現金で支払った。
- 　25日　給料520千円を現金で支払った。
- 　26日　家賃100千円を現金で支払った。
- 　28日　神奈川商店の売掛金4,200千円を現金で受け取った。

貸 借 対 照 表
平成○年5月31日　　　　　　　　　（単位：千円）

資　　産	金　　額	負債および純資産	金　　額
現　　　　金		買　　掛　　金	
売　　掛　　金		借　　入　　金	
商　　　　品		資　　本　　金	
備　　　　品		純　　利　　益	
合　　　　計		合　　　　計	

損 益 計 算 書
平成〇年4月1日～平成〇年5月31日　　（単位：千円）

資　　産	金　　額	収　　益	金　　額
給　　料		商品売買益	
広　告　料			
消　耗　品　費			
支　払　家　賃			
純　利　益			
合　　計		合　　計	

2　文教商店は平成〇年の4月1日に開業した。同社は伝票会計を採用している。日々の取引は入金伝票，出金伝票，振替伝票に記入し，これを元帳に転記している。4月中発行された伝票に基づき，総勘定元帳（T字型の勘定）に転記しなさい。相手勘定科目は省略して良い。

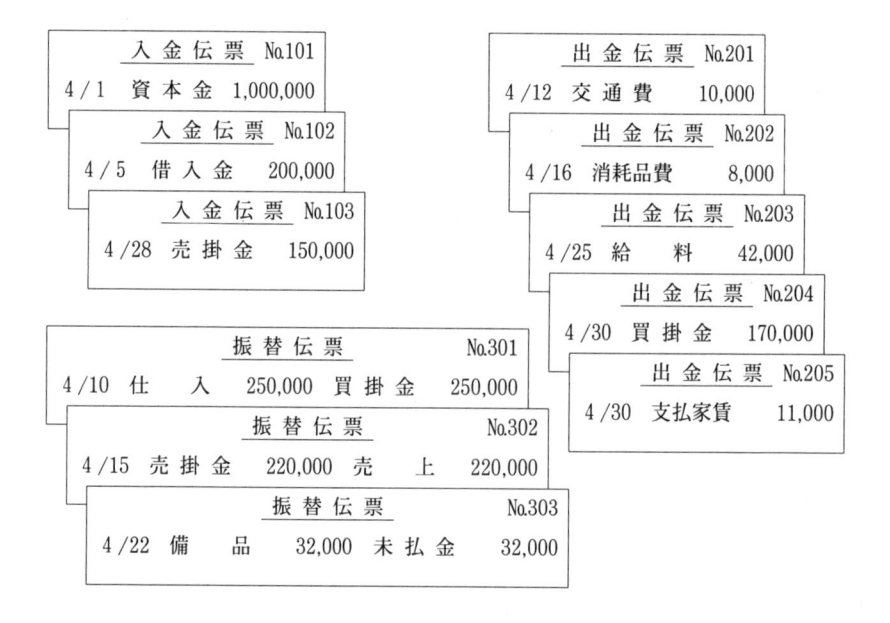

```
　　　入 金 伝 票　No.101
4 /1　資 本 金　1,000,000

　　　入 金 伝 票　No.102
4 /5　借 入 金　200,000

　　　入 金 伝 票　No.103
4 /28　売 掛 金　150,000

　　　　振 替 伝 票　　　　　No.301
4 /10　仕　　入　250,000　買 掛 金　250,000

　　　　振 替 伝 票　　　　　No.302
4 /15　売 掛 金　220,000　売　　上　220,000

　　　　振 替 伝 票　　　　　No.303
4 /22　備　　品　32,000　未 払 金　32,000
```

```
　　　出 金 伝 票　No.201
4 /12　交 通 費　10,000

　　　出 金 伝 票　No.202
4 /16　消耗品費　8,000

　　　出 金 伝 票　No.203
4 /25　給　　料　42,000

　　　出 金 伝 票　No.204
4 /30　買 掛 金　170,000

　　　出 金 伝 票　No.205
4 /30　支払家賃　11,000
```

現　金	借入金

備　品	資本金

	買掛金

仕　入	売　上

売掛金	支払家賃

給　料	（　　　　）

消耗品費	交通費

3 次の合計試算表(A)は，平成○年1月1日から2月28日までの取引の結果を示したものである。3月1日から3月31日の諸取引(B)のデータを追加して，解答用紙の平成○年3月31日現在の合計残高試算表を作成しなさい。

(A)平成○年2月28日現在の合計試算表

合 計 試 算 表

平成○年2月28日

借　方	勘定科目	貸　方
530,000	現　　　金	304,000
440,000	売　掛　金	250,000
270,000	商　　　品	220,000
300,000	建　　　物	
200,000	買　掛　金	390,000
	借　入　金	150,000
	資　本　金	400,000
	商品売買益	130,000
75,000	給　　　料	
18,000	広　告　費	
5,000	交　通　費	
6,000	支払利息	
1,844,000	合　　　計	1,844,000

(B)平成○年3月1日から3月31日までの諸取引

3月2日　商品220,000円を掛で仕入れた。
　5日　借入金のうち50,000円を現金で返済した。
　6日　備品100,000円を購入し，代金は後日支払うことにした。
　9日　商品（仕入原価180,000円）を250,000円で販売し，代金のうち120,000円は現金で受け取り，残りは掛けとした。
　11日　文房具8,000円を購入し，現金で支払った。
　15日　売掛金のうち120,000円を現金で回収した。
　17日　交通費2,000円を現金で支払った。
　21日　買掛金のうち80,000円を現金で支払った。
　23日　現金100,000円を当座預金口座に預け入れた。
　25日　給料32,000円を現金で支給した。
　31日　賃借料7,800円を現金で支払った。

合 計 残 高 試 算 表
平成〇年3月31日　　　　　　　　（単位：円）

借方残高	借方合計	勘 定 科 目	貸方合計	貸方残高
		現　　　　金		
		当 座 預 金		
		売　掛　金		
		商　　　　品		
		建　　　　物		
		備　　　　品		
		買　掛　金		
		（　　　　）	100,000	
		借　入　金		
		資　本　金		
		商品売買益		
		給　　　料		
		広　告　費		
		交　通　費		
		消 耗 品 費		
		（　　　　）		
		支 払 利 息		
		合　　　計		

4 茅ヶ崎商店は，平成○年4月1日に現金850,000円を元入れして，商品売買業を開業した。4月中の取引に基づいて，質問に答えなさい。ただし，商品売買取引は3分法によって処理する。

［取　引］

5日　備品80,000円を買い入れ，代金は来月末に支払うことにした。
8日　仕入先の平塚商店から商品350,000円を掛けで仕入れ，引取運賃等の諸費用22,000円は現金で支払った。
9日　前日に仕入れた商品について12,000円の値引きを受けた。
12日　旅費交通費18,000円を現金で支払った。
18日　得意先の寒川商店に商品を280,000円で掛け売りした。当店負担の発送費15,000円は現金で支払った。
20日　18日に売り上げた商品の一部に欠陥が見つかり，8,000円分の商品が返品されてきた。
25日　今月分の給料45,000円を現金で支給した。
26日　仕入先の平塚商店から商品240,000円を掛けで仕入れ，引取運賃等の諸費用18,500円は現金で支払った。
28日　平塚商店の買掛金280,000円を現金で支払った。
29日　得意先の寒川商店へ商品を250,000円で掛け売りした。当店負担の発送費21,000円は現金で支払った。
30日　寒川商店への売掛金220,000円を現金で受け取った。

(1) 買掛金元帳の平塚商店勘定と売掛金元帳の寒川商店勘定に必要な記入を行いなさい。締め切る必要はない。

買掛金元帳
平　塚　商　店

売掛金元帳
寒　川　商　店

(2) 合計試算表を作成しなさい。

合 計 試 算 表
平成○年4月30日　　　　　　　　　（単位：円）

借　　方	勘 定 科 目	貸　　方
	現　　　　　金	
	売　　掛　　金	
	備　　　　　品	
	買　　掛　　金	
	未　　払　　金	
	資　　本　　金	
	売　　　　　上	
	仕　　　　　入	
	給　　　　　料	
	（　　　　　　）	
	旅　費　交　通　費	
	合　　　　　計	

5　次の取引を仕訳しなさい。なお，使用できる勘定科目は次の通りである。
［使用できる勘定科目］

現　　　　　金	当　座　預　金	受　取　手　形	当　座　借　越
支　払　手　形	売　　掛　　金	買　　掛　　金	有　価　証　券
前　　払　　金	仕　　　　　入	売　　　　　上	建　　　　　物
建物減価償却累計額	仮　　払　　金	仮　　受　　金	固定資産売却益
旅　費　交　通　費	有価証券売却益	商　　品　　券	他　店　商　品　券
有価証券売却損	手　形　売　却　損	固定資産売却損	未　　収　　金
貸　倒　損　失	貸　倒　引　当　金	受　取　利　息	手　形　借　入　金
手　形　貸　付　金	支　払　利　息	前　　受　　金	

総合問題 ●——— 157

①商品450,000円を仕入れ，同額の小切手を振り出して支払った。ただし，当座預金の残高は280,000円であった。当社はこの銀行とは1,000,000円の当座借越契約を結んでいる。
②売掛金150,000円の回収として，得意先が振り出した小切手を受け取った。
③先日注文していた商品が到着し，注文の時に支払っていた手付金18,000円を差し引いた金額162,000円を小切手で支払った。
④保有する約束手形420,000円を銀行で割り引き，資金の融通を受けた。なお，割引料12,500円を差し引かれた手取り金は当座預金とした。
⑤仕入先の買掛金を支払うために約束手形150,000円を振り出して渡した。
⑥商品185,000円を仕入れ，代金の内，100,000円は保有する為替手形を裏書譲渡し，残額は小切手を振り出して支払った。
⑦前期の売掛金28,000円が回収不能となり，貸倒れとして処理した。なお，貸倒引当金が22,000円ある。
⑧保有するQ社株式450株（額面@50円，購入価額@2,380円）を@2,130円で売却し，受け取った代金は当座預金に預け入れた。
⑨商品を250,000円売上げ，代金のうち150,000円は当店発行の商品券を受け取り，残りは小切手で受け取った。
⑩出張していた従業員が帰社し，概算で支払っていた出張旅費185,000円を精算し，不足の旅費20,200円を現金で支払った。
⑪建物（取得原価8,400,000円，減価償却累計額3,300,000円）を5,820,000円で売却し，代金は来月末に受け取られる。
⑫取引先川崎商店から，貸付期間9カ月，年利率5％の条件で500,000円の貸し付けを依頼され，同額の約束手形を受け取るとともに，利息分を差し引いて残額を現金で渡した。

	借 方	貸 方
①		
②		
③		
④		
⑤		
⑥		
⑦		
⑧		
⑨		
⑩		
⑪		
⑫		

6 次の決算修正事項に基づき決算修正仕訳を行い，精算表を完成させなさい。ただし，会計期間は平成〇年1月1日～12月31日である。

[決算修正事項]
①期末商品有高は72,200円である。なお，売上原価は「仕入」勘定で処理する。
②現金過不足については，その原因は不明であった。
③建物について，定額法により減価償却を行う。その耐用年数は15年，残存価額は取得原価の10％とする。
④売掛金の期末残高に対して3％の貸倒引当金を差額補充法によって設定する。
⑤支払保険料は平成〇年4月1日に向こう1年分を支払ったものである。
⑥利息の未払分が800円ある。
⑦消耗品の未使用高が6,200円ある。
⑧利息の前受高が4,200円ある。

	借　　　　方	貸　　　　方
①		
②		
③		
④		
⑤		
⑥		
⑦		
⑧		

精算表

(単位:円)

勘定科目	残高試算表 借方	残高試算表 貸方	修正記入 借方	修正記入 貸方	損益計算書 借方	損益計算書 貸方	貸借対照表 借方	貸借対照表 貸方
現　　　　　金	60,400							
現 金 過 不 足	8,500							
当 座 預 金	70,000							
売　掛　金	148,000							
貸 倒 引 当 金		560						
繰 越 商 品	66,000							
建　　　　　物	250,000							
建物減価償却累計額		60,000						
貸　付　金	120,000							
支 払 手 形		53,900						
買　掛　金		88,500						
借　入　金		50,000						
資　本　金		400,000						
売　　　　　上		558,000						
受 取 利 息		14,500						
仕　　　　　入	398,500							
給　　　　　料	68,400							
保　険　料	12,660							
雑　　　　　費	8,500							
消 耗 品 費	12,500							
支 払 利 息	2,000							
当 期 純 利 益								
合　　　　　計								

総合問題 ● 161

7 次の決算修正事項に基づき，空欄に適当な用語（ ア ～ エ ）または数値（ a ～ k ）を入れて精算表を完成させなさい。ただし，決算は年1回である。

［決算修正事項］
1．期末商品有高は4,200円である。なお，売上原価は「仕入」勘定で処理する。
2．建物について，定額法により減価償却を行う。その耐用年数は15年，残存価額は取得原価の10％とする。
3．受取手形と売掛金の期末残高に対して3％の貸倒引当金を差額補充法によって設定する。
4．保険料の未経過分が，420円ある。
5．現金過不足については，差額の原因が判明しなかった。

精　算　表　　　　　　　　　　（単位：円）

勘定科目	残高試算表 借方	残高試算表 貸方	修正記入 借方	修正記入 貸方	損益計算書 借方	損益計算書 貸方	貸借対照表 借方	貸借対照表 貸方
現　　　金	9,765							
現金過不足		710						
受　取　手　形	4,800							
売　　掛　　金	5,200							
貸倒引当金		80						i
有　価　証　券	1,600							
繰　越　商　品	4,800						h	
建　　　物	18,000							
建物減価償却累計額		3,240						j
支　払　手　形		2,800						
買　　掛　　金		8,100						
借　　入　　金		9,000						
資　　本　　金		a						
売　　　　上		85,000						
仕　　　　入	64,350				e			
給　　　　料	11,985							
保　　険　　料	2,800				f			
支　払　利　息	630							
ア			b					
雑　イ				c				
ウ　保険料								
減　価　償　却　費			d					
当　期　純　利　益					g			g
合　　　　計								

ア [   ]　イ [   ]　ウ [   ]　エ [   ]

a [   ]　b [   ]　c [   ]　d [   ]

e [   ]　f [   ]　g [   ]　h [   ]

i [   ]　j [   ]

8 当社は，取引を記帳するにあたって，主要簿のほかに補助簿を用いている。次の取引は，どの補助簿に記入されることになるか，該当する補助簿の箇所に○印を記入しなさい。

(1) 商品250,000円を仕入れ，代金のうち80,000円は保有する約束手形を裏書譲渡し，残額は小切手を振り出して支払った。
(2) 商品を150,000円で売り上げ，代金のうち100,000円は相手の振り出した小切手で受け取り，残額は掛けとした。
(3) 買掛金320,000円について180,000円を約束手形を振り出して支払い，残額はかねて受け取っていた小切手で支払った。
(4) 先日，当座預金に入金されていた不明金は得意先の売掛金を回収したものであることが判明した。

	(1)	(2)	(3)	(4)
1．現金出納帳				
2．当座預金出納帳				
3．仕　入　帳				
4．売　上　帳				
5．支払手形記入帳				
6．受取手形記入帳				
7．商品有高帳				
8．仕入先元帳				
9．得意先元帳				

9. 下記の資料にもとづいて，損益計算書と貸借対照表を作成しなさい。会計期間は平成○年1月1日から12月31日までの1年間とする。

(A) 決算修正前残高試算表

残 高 試 算 表
平成○年12月31日

借　方	勘定科目	貸　方
122,500	現　　　　金	
	現金過不足	15,400
200,640	当座預金	
330,000	受取手形	
250,000	売　掛　金	
68,000	繰越商品	
380,000	備　　　　品	
	支払手形	208,000
	買　掛　金	185,900
	貸倒引当金	3,820
	備品減価償却累計額	136,800
	借　入　金	220,000
	資　本　金	500,000
	売　　　　上	1,043,400
733,000	仕　　　　入	
125,400	給　　　　料	
55,000	支払家賃	
33,000	保　険　料	
13,500	消耗品費	
2,280	支払利息	
2,313,320	合　　　計	2,313,320

(B) 決算修正事項

①商品の期末棚卸高は78,800円である。

②備品について，定額法により減価償却を行う。その耐用年数は5年，残存価額は取得原価の10%とする。

③受取手形と売掛金の期末残高に対して2%の貸倒引当金を差額補充法によって設定する。

④保険料は毎年1年分を4月1日に支払っている。
⑤現金過不足のうち10,000円を現金で受け取っていたが未記帳であった。残額については不明である。
⑥利息の未払分が1,530円ある。
⑦消耗品の未使用高が8,000円ある。

<u>損 益 計 算 書</u>
平成○年1月1日から12月31日まで

売 上 原 価	( )	売 上 高	1,043,400
給 料	125,400	( )	( )
支 払 家 賃	55,000		
貸倒引当金繰入	( )		
減 価 償 却 費	( )		
保 険 料	( )		
消 耗 品 費	( )		
支 払 利 息	( )		
当 期 ( )	( )		
	( )		( )

<u>貸 借 対 照 表</u>
平成○年12月31日

現 金		122,500	支 払 手 形		208,000
当 座 預 金		250,000	買 掛 金		185,900
受 取 手 形	330,000		( )		( )
売 掛 金	( )		借 入 金		220,000
( )	( )	( )	資 本 金		500,000
商 品		( )	当 期 ( )		( )
前 払 費 用		( )			
( )		( )			
備 品	380,000				
減価償却累計額	( )	( )			
		( )			( )

解答編

練習問題

[1]
　a．帳簿記録　　b．取　　引　　c．財務諸表　　d．帳　　簿　　e．財務諸表
　f．複　　式

[2]
　a．○　b．○　c．×　d．○　e．×　f．○　g．○　h．○

[3]
　a．時点　b．財政　c．純資産（資本）　d．負債　e．資産
　f．貸借対照表等式

[4]
①B　②C　③A　④B　⑤A　⑥A　⑦A　⑧A　⑨A　⑩B　⑪A

[5]
　a．期間　b．経営成績　c．収益　d．費用　e．損益法

[6]
①A　②B　③A　④A　⑤A　⑥B　⑦A　⑧B　⑨A

[7]
　a．1,341,400　b．2,543,950　c．68,040　d．620,700

[8]
①ウ　②イ　③ア　④イ　⑤コ　⑥エ　⑦ス　⑧イ　⑨コ　⑩エ　⑪コ

[9]
①買掛金250,000円を現金で支払った。
②商品410,000円を520,000円で掛け売りした。
③営業用乗用車を950,000円で購入し，代金のうち100,000円は現金で支払い，残額は後日支払うことになった。
④商品180,000円を仕入れ，80,000円は現金で支払い，残りは掛とした。

[10]

4/1	（借方）	現　　　金	200,000	（貸方）	資　本　金	200,000
5	（借方）	現　　　金	60,000	（貸方）	借　入　金	60,000
6	（借方）	車両運搬具	50,000	（貸方）	現　　　金	50,000
9	（借方）	商　　　品	62,000	（貸方）	買　掛　金	62,000
12	（借方）	現　　　金	52,000	（貸方）	商　　　品	40,000
					商品売買益	12,000

14	（借方）	借　入　金	35,000	（貸方）	現　　　金	35,000
16	（借方）	売　掛　金	25,000	（貸方）	商　　　品	18,000
					商品売買益	7,000
23	（借方）	支　払　利　息	1,800	（貸方）	現　　　金	1,800
25	（借方）	給　　　料	7,000	（貸方）	現　　　金	7,000
28	（借方）	買　掛　金	30,000	（貸方）	現　　　金	30,000
29	（借方）	現　　　金	18,000	（貸方）	売　掛　金	18,000
30	（借方）	水道光熱費	1,250	（貸方）	現　　　金	1,250

[11]

現　金

4/ 1	資　本　金	200,000	4/ 6	車両運搬具	50,000
5	借　入　金	60,000	14	借　入　金	35,000
12	諸　　　口	52,000	23	支払利息	1,800
29	売　掛　金	18,000	25	給　　　料	7,000
			28	買　掛　金	30,000
			30	水道光熱費	1,250

借　入　金

4/14	現　　　金	35,000	4/ 5	現　　　金	60,000

資　本　金

			4/ 1	現　　　金	200,000

車両運搬具

4/ 6	現　　　金	50,000	

買　掛　金

4/28	現　　　金	30,000	4/ 9	商　　　品	62,000

商　品

4/ 9	現　　　金	62,000	4/12	現　　　金	40,000
			16	売　掛　金	18,000

商品売買益

			4/12	現　　　金	12,000
			16	売　掛　金	7,000

売　掛　金

4/16	諸　　　口	25,000	4/29	現　　　金	18,000

支　払　利　息

4/23	現　　　金	1,800	

給　　　料

4/25	現　　　金	7,000	

水道光熱費

4/30	現　　　金	1,250	

[12]

現　金　　　　　　　　　　　1

平成○年		摘　要	仕丁	借　方	平成○年		摘　要	仕丁	貸　方
4	1	資 本 金	1	3,000,000					
5	9	諸　　　口	〃	220,000					

商　品　　　　　　　　　　　5

平成○年		摘　要	仕丁	借　方	平成○年		摘　要	仕丁	貸　方
4	12	買 掛 金	1	180,000	5	9	現　　金	1	150,000

買　掛　金　　　　　　　　　20

平成○年		摘　要	仕丁	借　方	平成○年		摘　要	仕丁	貸　方
					4	12	商　　品	1	180,000

資　本　金　　　　　　　　　25

平成○年		摘　要	仕丁	借　方	平成○年		摘　要	仕丁	貸　方
					4	1	現　　金	1	3,000,000

商品売買益　　　　　　　　　35

平成○年		摘　要	仕丁	借　方	平成○年		摘　要	仕丁	貸　方
					5	9	現　　金	1	70,000

仕 訳 帳　　　　　　1

平成○年		摘　　　要	元丁	借　方	貸　方
4	1	（現　　金）	1	3,000,000	
		（資 本 金）	25		3,000,000
		開　業			
	12	（商　　品）	5	180,000	
		（買 掛 金）	20		180,000
		商品の仕入れ			
5	9	（現　　金）　　諸　　口	1	220,000	
		（商　　品）	5		150,000
		（商品売買益）	35		70,000
		商品の売り上げ			

[13]
(1)

合 計 試 算 表
平成○年12月31日

借　方	勘定科目	貸　方
530,000	現　　　金	304,000
440,000	売　掛　金	250,000
270,000	商　　　品	220,000
300,000	建　　　物	
200,000	買　掛　金	390,000
	借　入　金	150,000
	資　本　金	400,000
	商品売買益	130,000
75,000	給　　　料	
18,000	広　告　費	
5,000	交　通　費	
6,000	支 払 利 息	
1,844,000	合　　　計	1,844,000

残 高 試 算 表
平成○年12月31日

借　方	勘定科目	貸　方
226,000	現　　　金	
190,000	売　掛　金	
50,000	商　　　品	
300,000	建　　　物	
	買　掛　金	190,000
	借　入　金	150,000
	資　本　金	400,000
	商品売買益	130,000
75,000	給　　　料	
18,000	広　告　費	
5,000	交　通　費	
6,000	支 払 利 息	
870,000	合　　　計	870,000

(2)
貸 借 対 照 表
平成〇年12月31日　　　　　　　　　　（単位：円）

資　　　産	金　　額	負債および純資産	金　　額
現　　　　金	226,000	買　掛　金	190,000
売　掛　金	190,000	借　入　金	150,000
商　　　　品	50,000	資　本　金	400,000
建　　　　物	300,000	純　利　益	26,000
合　　　計	766,000	合　　　計	766,000

損 益 計 算 書
平成〇年1月1日～平成〇年12月31日　　　　（単位：円）

費　　用	金　　額	収　　益	金　　額
給　　　料	75,000	商 品 売 買 益	130,000
広　告　費	18,000		
交　通　費	5,000		
支　払　利　息	6,000		
純　利　益	26,000		
合　　　計	130,000	合　　　計	130,000

[14]
(1) a．現金出納帳　b．売上帳　c．商品有高帳　d．売掛金元帳　e．不正の防止（aとbは仕入帳，手形記入帳，cとdは買掛金元帳などでもよい）
(2) 仕入帳，買掛金元帳，商品有高帳

[15]

	借　　　　　方		貸　　　　　方	
①	仕　　　　入	550,000	買　掛　金	550,000
②	売　掛　金	425,000	売　　　上	425,000

[16]

繰 越 商 品	仕　　入	売　　上
①　58,000	②　826,000	③1,218,600

[17]

	借 方		貸 方	
6/3	仕　　　入	280,000	買　掛　金	280,000
/12	現　　　金	150,000	売　　　上	250,000
	売　掛　金	100,000		

[18]

a. 67,200　　b. 74,050円　　c. 136,300円　　d. 403,100円

[19]

仕　入　帳

平成○年		摘　　　　要		内　訳	金　額
6	8	横浜商店	掛		
		コーヒー　300本　@￥120		36,000	
		紅　茶　120缶　@￥ 80		9,600	
		引取運賃　現金払い		5,000	50,600
	19	東京商店	掛		
		コーヒー　250本　@￥125		31,250	
		紅　茶　110缶　@￥ 82		9,020	
		引取運賃　現金払い		5,200	45,470
	20	東京商店	掛返品		
		コーヒー　18本　@￥125			**2,250**
	30	総　仕　入　高			96,070
		仕入値引・戻し高			**2,250**
		純　仕　入　高			93,820

太字は朱記

売 上 帳

平成○年		摘　　　　要		内　訳	金　額
6	12	藤沢商店	掛		
		コーヒー　220本　@¥180		39,6000	
		紅　茶　　90缶　@¥120		10,800	50,400
	15	藤沢商店	掛値引		
		紅　茶　　20缶　@¥ 50			1,000
	25	川崎商店	掛		
		コーヒー　180本　@¥195		35,100	
		紅　茶　　70缶　@¥128		8,960	44,060
	30	総　売　上　高			94,460
		売上値引・戻り高			1,000
		純　売　上　高			93,460

太字は朱記

[20]

		借　　　方		貸　　　方	
①	仕　　　入	128,000	買　掛　金		120,000
			現　　　金		8,000
②	買　掛　金	15,000	仕　　　入		15,000
③	売　掛　金	80,000	売　　　上		80,000
	発　送　費	6,200	現　　　金		6,200
④	売　　　上	10,000	売　掛　金		10,000
⑤	売　掛　金	268,000	売　　　上		250,000
			現　　　金		18,000

仕　　入		売　　上	
① 128,000	② 15,000	④ 10,000	③ 80,000
			⑤ 250,000

[21]

①総仕入高 419,800 円　②純仕入高 397,600 円　③総売上高 567,400 円
④純売上高 546,600 円　⑤売上原価 371,900 円　⑥売上総利益 174,700 円

[22]
<先入先出法>
X商品　　　　　　　商　品　有　高　帳　　　　（単位：個, 円）

平成○年		摘要		受入			引渡			残高		
				数量	単価	金額	数量	単価	金額	数量	単価	金額
6	1	繰	越	80	250	20,000				80	250	20,000
	5	仕	入	120	260	31,200				{ 80	250	20,000
										120	260	31,200
	12	売	上				{ 80	250	20,000			
							20	260	5,200	{ 100	260	26,000
	18	仕	入	200	265	53,000				200	265	53,000
	28	売	上				{ 100	260	26,000			
							80	265	21,200	120	265	31,800

<移動平均法>
X商品　　　　　　　商　品　有　高　帳　　　　（単位：個, 円）

平成○年		摘要		受入			引渡			残高		
				数量	単価	金額	数量	単価	金額	数量	単価	金額
6	1	繰	越	80	250	20,000				80	250	20,000
	5	仕	入	120	260	31,200				200	256	51,200
	12	売	上				100	256	25,600	100	256	25,600
	18	仕	入	200	265	53,000				300	262	78,600
	28	売	上				180	262	47,160	120	262	31,440

[23]
(1)
Y商品　　　　　　　商　品　有　高　帳　　　　（単位：個, 円）

平成○年		摘要		受入			引渡			残高		
				数量	単価	金額	数量	単価	金額	数量	単価	金額
7	1	繰	越	300	210	63,000				300	210	63,000
	8	仕	入	700	220	154,000				1,000	217	217,000
	12	売	上				600	217	130,200	400	217	86,800
	20	仕	入	800	223	178,400				1,200	221	265,200
	25	売	上				500	221	110,500	700	221	154,700

(2)
X商品の7月中における損益計算

売　上　高　　　289,560　円
売 上 原 価　　　240,700　円
売上総利益　　　　48,860　円

[24]
(1) a．信用　　b．売掛金（または得意先）　　c．買掛金（または仕入先）
(2)

	借　　　　　方	貸　　　　　方
①	仕　　　　入　　　180,000	東 京 商 店　　　180,000
②	横 浜 商 店　　　250,000	売　　　　上　　　250,000

[25]
[総勘定元帳]

売　掛　金

6/1 繰　越 (120,000)	6/12 現　金　70,000
5 売　上　40,000	23　〃　　　60,000
6　〃　　100,000	28 売　上　4,000
19　〃　　50,000	

買　掛　金

6/16 現　金　20,000	6/1 繰　越　60,000
25　〃　　80,000	2 仕　入　200,000
	10　〃　　60,000
	20　〃　　50,000

[売掛金元帳]

山 梨 商 店

6/1 繰　越　50,000	6/12　　　70,000
5　　　　40,000	28　　　　4,000
19　　　　50,000	

埼 玉 商 店

6/1 繰　越　70,000	6/23　　　60,000
6　　　　100,000	

[買掛金元帳]

神 奈 川 商 店

6/16　　　20,000	6/1 繰　越　20,000
	2　　　　200,000

千 葉 商 店

6/25　　　80,000	6/1 繰　越 (40,000)
	10　　　　60,000
	20　　　　50,000

[26]

得 意 先 元 帳
藤 沢 商 店

平成○年		摘　　要	借　方	貸　方	借または貸	残　高
6	1	前 月 繰 越	171,600		借	171,600
	6	売　　　上	330,600		〃	502,200
	7	返　　　品		28,000	〃	474,200
	15	売　　　上	86,000		〃	560,200
	26	回　　　収		380,000	〃	180,200
	30	次 月 繰 越		180,200		
			588,200	588,200		
7	1	前 月 繰 越	180,200			180,200

[27]

	借　　方		貸　　方	
①	現　　金	250,000	売 掛 金	250,000
②	仕　　入	300,000	当 座 預 金	250,000
			買 掛 金	50,000
③	現金過不足	19,500	現　　金	19,500
④	支 払 利 息	8,800	現金過不足	8,800
⑤	売 掛 金	3,000	現金過不足	3,000
⑥	雑　　損	7,700	現金過不足	7,700

[28]

	借　　方		貸　　方	
①	仕　　入	500,000	当 座 預 金	250,000
			買 掛 金	250,000
②	買 掛 金	125,000	当 座 預 金	125,000
③	仕　　入	380,000	当 座 預 金	300,000
			当 座 借 越	80,000
④	当 座 借 越	80,000	売 掛 金	150,000
	当 座 預 金	70,000		

[29]

	借 方		貸 方	
①	小 口 現 金	60,000	当 座 預 金	60,000
②	通 信 費	35,000	※小口現金	38,350
	交 通 費	2,700	当 座 預 金	38,350
	雑 費	650		
	※小口現金	38,350		

※省略可

[30]

当座預金出納帳

平成○年		摘 要	預 入	引 出	借/貸	残 高
9	1	前月繰越	665,200		借	665,200
	5	現金預け入れ	185,000		〃	850,200
	8	仕入代金支払い		250,000	〃	600,200
	12	買掛金支払い		125,000	〃	475,200

[31]

小口現金出納帳

受 入	日付		摘 要	支 払	内 訳			
					交通費	通信費	消耗品費	雑 費
25,000	9	1	小 切 手					
		2	文 具	2,800			2,800	
		5	タ ク シ ー	5,000	5,000			
		12	切 手	2,200		2,200		
		18	ノ ー ト	1,650			1,650	
		21	電 話	550		550		
		25	ガムテープ	1,200			1,200	
		29	新 聞 代	4,383				4,383
			合 計	17,783	5,000	2,750	5,650	4,383
		30	次 月 繰 越	7,217				
25,000				25,000				

[32]

	借 方		貸 方	
①	仕　　入	150,000	支 払 手 形	150,000
②	受 取 手 形	100,000	売　　　上	120,000
	売 掛 金	20,000		
③	支 払 手 形	150,000	当 座 預 金	150,000
④	受 取 手 形	300,000	売　　　上	500,000
	売 掛 金	200,000		
⑤	当 座 預 金	93,800	受 取 手 形	100,000
	手形売却損	6,200		
⑥	買 掛 金	300,000	受 取 手 形	210,000
			当 座 預 金	90,000

[33]

	借 方		貸 方	
11/ 3	（受 取 手 形）	240,000	（売　　　上）	240,000
11/ 9	買 掛 金	360,000	（受 取 手 形）	240,000
			当 座 預 金	120,000
11/15	（受 取 手 形）	325,000	（売 掛 金）	325,000
12/ 5	当 座 預 金	304,000	（受 取 手 形）	325,000
	（手形売却損）	21,000		

[34]

	借 方		貸 方	
①	有 価 証 券	455,000	当 座 預 金	455,000
②	現　　金	50,000	受取配当金	50,000
③	当 座 預 金	255,000	有 価 証 券	227,500
			有価証券売却益	27,500
④	有 価 証 券	980,000	現　　金	980,000
⑤	現　　金	10,000	有価証券利息	10,000
⑥	有 価 証 券	825,500	現　　金	825,500

[35]

	借 方		貸 方	
①	仕　　入	235,000	買 掛 金	235,000
②	備　　品	120,000	未 払 金	120,000

③	建 物		36,086,000	未 払 金		35,200,000
				現 金		886,000
④	現 金		10,000,000	土 地		12,000,000
	未 収 入 金		18,000,000	固定資産売却益		16,000,000
⑤	手形貸付金		500,000	現 金		481,250
				受 取 利 息		18,750
⑥	仮 払 金		108,000	現 金		108,000
⑦	出 張 旅 費		101,800	仮 払 金		108,000
	現 金		6,200			
⑧	前 払 金		18,000	現 金		18,000
⑨	仕 入		180,000	当 座 預 金		162,000
				前 払 金		18,000
⑩	引 出 金		4,500	現 金		4,500
⑪	資 本 金		85,000	引 出 金		85,000
⑫	現 金		50,000	商 品 券		50,000
⑬	他店商品券		120,000	売 上		250,000
	現 金		130,000			
⑭	従業員立替金		50,000	現 金		50,000
⑮	給 料		428,000	所得税預り金		58,000
				社会保険料預り金		11,600
				従業員立替金		50,000
				現 金		308,400
⑯	所得税預り金		58,000	現 金		58,000

[36]

	借 方		貸 方	
①	消 耗 品 費	25,500	現 金	25,500
②	消 耗 品	12,000	消 耗 品 費	12,000

[37]

		現	金		
5/1	繰 越	158,600	5/6	買 掛 金	25,000
8	売 掛 金	88,000	25	給 料	55,000
30	受 取 利 息	7,600			

[38] (1)

借　　　方		貸　　　方	
現　　　金	50,000	売　　　上	140,000
売　掛　金	90,000		

(2)

振　替　伝　票			
平成〇年8月10日			
借方科目	金　　額	貸方科目	金　　額
旅　　費	88,000	仮　払　金	88,000

[39] (1)

借　　　方		貸　　　方	
仕　　　入	28,000	繰　越　商　品	28,000
繰　越　商　品	36,200	仕　　　入	36,200
損　　　益	547,800	仕　　　入	547,800
売　　　上	826,500	損　　　益	826,500

(2) ＜問1＞＜問3＞

繰　越　商　品

①	80,000		80,000
	180,000	次期繰越	180,000
	260,000		260,000

仕　　入

②	230,000		180,000
④	250,000	損　益	380,000
	80,000		
	560,000		560,000

売　　上

損　益	480,000	③	200,000
		⑤	280,000
	480,000		480,000

＜問2＞

借　　　方		貸　　　方	
仕　　　入	80,000	繰　越　商　品	80,000
繰　越　商　品	180,000	仕　　　入	180,000
損　　　益	380,000	仕　　　入	380,000
売　　　上	480,000	損　　　益	480,000

売上原価　　380,000　円
売上総利益　100,000　円

[40]①

精　算　表　　　　　　　　　（単位：円）

勘定科目	残高試算表 借方	残高試算表 貸方	修正記入 借方	修正記入 貸方	損益計算書 借方	損益計算書 貸方	貸借対照表 借方	貸借対照表 貸方
繰越商品	55,000		80,000	55,000			80,000	
売　　上		485,800				485,800		
仕　　入	336,100		55,000	80,000	311,100			

②

精　算　表　　　　　　　　　（単位：円）

勘定科目	残高試算表 借方	残高試算表 貸方	修正記入 借方	修正記入 貸方	損益計算書 借方	損益計算書 貸方	貸借対照表 借方	貸借対照表 貸方
繰越商品	55,000		80,000	55,000			80,000	
売　　上		485,800				485,800		
仕　　入	336,100			336,100				
売上原価			55,000 336,100	80,000	311,100			

[41]

(1) 360,000 円

(2)

	借　方		貸　方	
直接法	減価償却費	360,000	建　　物	360,000
間接法	減価償却費	360,000	建物減価償却累計額	360,000

(3)

年	減価償却額	減価償却累計額	帳簿価額
20×1	360,000	360,000	1,640,000
20×2	360,000	720,000	1,280,000
20×3	360,000	1,080,000	920,000
20×4	360,000	1,440,000	560,000
20×5	360,000	1,800,000	200,000

[42]

精　算　表　　　　　　　　　　　　　　（単位：円）

勘定科目	残高試算表 借方	残高試算表 貸方	修正記入 借方	修正記入 貸方	損益計算書 借方	損益計算書 貸方	貸借対照表 借方	貸借対照表 貸方
備　　　　品	850,000						850,000	
備品減価償却累計額		306,000		153,000				459,000
（減価償却費）			153,000		153,000			

[43]

貸　借　対　照　表

```
        ：
        ：中略
   備      品　　　（850,000）
   減価償却累計額（459,000）（391,000）
```

[44]

借　　　　方		貸　　　　方	
建物減価償却累計額	7,500,000	建　　　　物	12,000,000
未　収　金	3,600,000		
固定資産売却損	900,000		

[45]

(1)　53,400　円

(2)

借　　　　方		貸　　　　方	
貸倒引当金繰入	53,400	貸倒引当金	53,400

(3)

借　　　　方		貸　　　　方	
貸倒引当金繰入	28,400	貸倒引当金	28,400

[46]

精　算　表　　　　　　　　　　　　　　（単位：円）

勘定科目	残高試算表 借方	残高試算表 貸方	修正記入 借方	修正記入 貸方	損益計算書 借方	損益計算書 貸方	貸借対照表 借方	貸借対照表 貸方
受　取　手　形	420,000						420,000	
売　　掛　　金	250,000						250,000	
貸　倒　引　当　金		4,600		8,800				13,400
（貸倒引当金繰入）			8,800		8,800			

[47]

	借方		貸方	
①	貸倒引当金	22,000	売　掛　金	22,000
②	貸倒引当金	38,000	売　掛　金	45,000
	貸　倒　損　失	7,000		
③	現　　　金	15,000	償却債権取立益	15,000

[48]

帳簿価額：売掛金 2,744,000 円　　受取手形 3,430,000 円

[49]

貸　借　対　照　表

　：
受 取 手 形　（2,800,000）
　貸倒引当金（　56,000）（2,744,000）
売 掛 金　（3,500,000）
　貸倒引当金（　70,000）（3,430,000）

[50]

(1)

当期分の火災保険料 120,000 円　　次期分の火災保険料 24,000 円

(2)

借方		貸方	
前払保険料	24,000	支払保険料	24,000

(3)

借方		貸方	
支払保険料	24,000	前払保険料	24,000

[51]

(1)

1,050,000 円

(2)

借方		貸方	
未　収　利　息	1,050,000	受　取　利　息	1,050,000

(3)

借方		貸方	
受　取　利　息	1,050,000	未　収　利　息	1,050,000

[52]

精　算　表　　　　　　　　　　（単位：円）

勘定科目	残高試算表 借方	残高試算表 貸方	修正記入 借方	修正記入 貸方	損益計算書 借方	損益計算書 貸方	貸借対照表 借方	貸借対照表 貸方
支払保険料	150,000			80,000	70,000			
（前払保険料）			80,000				80,000	

[53]

①費用の繰延べ……… 前払 費用 （(資産) ： 負債 ）
②費用の見越し……… 未払 費用 （ 資産 ： (負債)）
③収益の繰延べ……… 前受 収益 （ 資産 ： (負債)）
④収益の見越し……… 未収 収益 （(資産) ： 負債 ）

[54]

精　算　表　　　　　　　　　　（単位：円）

勘定科目	残高試算表 借方	残高試算表 貸方	修正記入 借方	修正記入 貸方	損益計算書 借方	損益計算書 貸方	貸借対照表 借方	貸借対照表 貸方
消耗品費	152,000			45,000	107,000			
（消耗品）			45,000				45,000	

[55]

精　算　表　　　　　　　　　　（単位：円）

勘定科目	残高試算表 借方	残高試算表 貸方	修正記入 借方	修正記入 貸方	損益計算書 借方	損益計算書 貸方	貸借対照表 借方	貸借対照表 貸方
現金過不足	88,200			68,000				
				20,200				
水道光熱費	265,000		68,000		333,000			
（雑　損）			20,200		20,200			

[56]

精　算　表　　　　　　　　　　　　　　　　（単位：円）

勘定科目	残高試算表 借方	残高試算表 貸方	修正記入 借方	修正記入 貸方	損益計算書 借方	損益計算書 貸方	貸借対照表 借方	貸借対照表 貸方
現　　　　　金	11,800						11,800	
当　座　預　金	50,000						50,000	
受　取　手　形	18,000						18,000	
売　　掛　　金	24,000						24,000	
貸　倒　引　当　金		240		600				840
繰　越　商　品	36,000		30,000	36,000			30,000	
建　　　　　物	100,000						100,000	
建物減価償却累計額		9,000		4,500				13,500
貸　付　　金	73,000						73,000	
支　払　手　形		12,000						12,000
買　掛　　金		20,000						20,000
借　入　　金		30,000						30,000
資　本　　金		(200,000)						200,000
売　　　　　上		286,000				286,000		
受　取　利　息		4,160		240		4,400		
仕　　　　　入	188,200		36,000	30,000	194,200			
給　　　　　料	42,600				42,600			
保　険　　料	10,000				10,000			
支　払　家　賃	1,200			200	1,000			
雑　　　　　費	3,000				3,000			
支　払　利　息	3,600				3,600			
減　価　償　却　費			4,500		4,500			
貸倒引当金繰入			600		600			
前　払　家　賃			200				200	
未　収　利　息			240				240	
当　期　純　利　益					30,900			30,900
合　　　　計	561,400	561,400	71,540	71,540	290,400	290,400	307,240	307,240

[57]

精　算　表

（単位：円）

勘定科目	残高試算表 借方	残高試算表 貸方	修正記入 借方	修正記入 貸方	損益計算書 借方	損益計算書 貸方	貸借対照表 借方	貸借対照表 貸方
現　　　　金	214,000						214,000	
当　座　預　金	350,000						350,000	
売　　掛　　金	500,000						500,000	
繰　越　商　品	200,000		240,000	200,000			240,000	
建　　　　物	1,000,000						1,000,000	
買　　掛　　金		484,000						484,000
借　　入　　金		500,000						500,000
貸　倒　引　当　金		3,000		7,000				10,000
減価償却累計額		450,000		30,000				480,000
資　　本　　金		800,000						800,000
売　　　　上		2,350,000				2,350,000		
受　取　配　当　金		25,000				25,000		
仕　　　　入	1,420,000		200,000	240,000	1,380,000			
給　　　　料	485,000				485,000			
支　払　地　代	315,000			135,000	180,000			
支　払　保　険　料	90,000			30,000	60,000			
支　払　利　息	38,000		12,000		50,000			
	4,612,000	4,612,000						
貸倒引当金繰入			7,000		7,000			
減　価　償　却　費			30,000		30,000			
（前払）地　　代			135,000				135,000	
（前払）保　険　料			30,000				30,000	
（未払）利　　息				12,000				12,000
（当期純利益）					183,000			183,000
合　　　　計			654,000	654,000	2,375,000	2,375,000	2,469,000	2,469,000

[58]

精　算　表

(単位：円)

勘定科目	残高試算表 借方	残高試算表 貸方	修正記入 借方	修正記入 貸方	損益計算書 借方	損益計算書 貸方	貸借対照表 借方	貸借対照表 貸方
現　　　　　金	9,840						9,840	
現 金 過 不 足	800			300 500				
受　取　手　形	5,500						5,500	
売　　掛　　金	4,500						4,500	
貸 倒 引 当 金		65		235				300
繰　越　商　品	4,800		4,200	4,800			4,200	
建　　　　　物	18,000						18,000	
建物減価償却累計額		3,240		1,080				4,320
支　払　手　形		2,800						2,800
買　　掛　　金		8,100						8,100
借　　入　　金		9,000						9,000
資　　本　　金		15,000						15,000
売　　　　　上		85,000				85,000		
仕　　　　　入	59,500		4,800	4,200	60,100			
支　払　家　賃	4,850				4,850			
給　　　　　料	11,985				11,985			
保　　険　　料	2,140			420	1,720			
支　払　利　息	630		500		1,130			
消　耗　品　費	660			250	410			
(貸倒引当金繰入)			235		235			
(減価償却費)			1,080		1,080			
雑　　(　損　)			300		300			
(前払)保険料			420				420	
消　耗　品			250				250	
当 期 純 利 益					3,190			3,190
合　　　　計	123,205	123,205	12,035	12,035	85,000	85,000	42,710	42,710

[59]

精　算　表　　　　　　　　　　　　　　（単位：円）

勘定科目	残高試算表 借方	残高試算表 貸方	修正記入 借方	修正記入 貸方	損益計算書 借方	損益計算書 貸方	貸借対照表 借方	貸借対照表 貸方
現 金 預 金	140,000						140,000	
受 取 手 形	80,000						80,000	
売 掛 金	148,000						148,000	
繰 越 商 品	150,000		210,000	150,000			210,000	
建 物	440,000						440,000	
支 払 手 形		100,000						100,000
買 掛 金		150,000						150,000
借 入 金		250,000						250,000
貸 倒 引 当 金		6,000		2,000				8,000
建物減価償却累計額		70,000		13,500				83,500
資 本 金		350,000						350,000
売 上		570,000				570,000		
受 取 手 数 料		38,000	8,000			30,000		
仕 入	420,000		150,000	210,000	360,000			
給 料	119,000				119,000			
広 告 費	16,500		3,500		20,000			
保 険 料	12,000			4,000	8,000			
支 払 利 息	8,500				8,500			
貸倒引当金繰入			2,000		2,000			
減 価 償 却 費			13,500		13,500			
未 払 広 告 費				3,500				3,500
前 払 保 険 料			4,000				4,000	
前 受 手 数 料				8,000				8,000
					531,000	600,000	1,022,000	953,000
当 期 純 利 益					69,000			69,000
	1,534,000	1,534,000	393,000	393,000	600,000	600,000	1,022,000	1,022,000

[60]

売　　　掛　　　金			
前期繰越	228,000	売　　　　上	5,800
売　　　　上	72,400	受取手形	100,000
〃	125,200	現　　　　金	98,000
		次期繰越	**221,800**
	425,600		425,600

買　　　掛　　　金			
現　　　　金	146,000	前期繰越	235,000
仕　　　　入	6,500	仕　　　　入	58,000
支払手形	105,000	〃	123,000
次期繰越	**158,500**		
	416,000		416,000

売　　　　　　　上			
売　掛　金	5,800	売　掛　金	72,400
損　　益	371,600	受取手形	180,000
		売　掛　金	125,000
	377,400		377,400

支　払　利　息			
現　　　　金	18,200	損　　　　益	26,700
〃	8,500		
	26,700		26,700

[61]

貸　借　対　照　表
平成○年12月31日

現　　　　　金		(　162,500)	支　払　手　形		55,000
当　座　預　金		250,000	買　　掛　　金		225,000
売　　掛　　金	280,000		未　払　費　用		(　2,600)
(貸倒引当金)	(　8,400)	(　271,600)	資　　本　　金		800,000
商　　　　　品		(　188,000)	当期(純利益)		(　100,900)
前　払　費　用		(　6,400)			
建　　　　　物	500,000				
減価償却累計額	(　195,000)	(　305,000)			
		(1,183,500)			(1,183,500)

損　益　計　算　書
平成○年1月1日から12月31日まで

売　上　原　価	(　388,000)	売　　上　　高	885,800
給　　　　　料	155,000	(償却債権取立益)	(　12,000)
支　払　家　賃	36,200		
貸倒引当金繰入	(　5,900)		
減　価　償　却　費	(　15,000)		
水　道　光　熱　費	47,800		
保　　険　　料	(　12,800)		
旅　費　交　通　費	124,000		
雑　　　　　費	8,400		
(雑　　　　損)	(　3,800)		
当期(純利益)	(　100,900)		
	(　897,800)		(　897,800)

総合問題

1

貸 借 対 照 表
平成○年5月31日　　　　　（単位：千円）

資　　産	金　　額	負債および純資産	金　　額
現　　　　金	7,500	買　掛　金	1,000
売　掛　金	2,300	借　入　金	4,000
商　　　　品	500	資　本　金	5,000
備　　　　品	500	純　利　益	800
合　　　計	10,8000	合　　　計	10,800

損 益 計 算 書
平成○年4月1日～
平成○年5月31日　　　　（単位：千円）

資　　産	金　　額	収　　益	金　　額
給　　　料	1,020	商品売買益	2,000
広　告　料	50		
消 耗 品 費	50		
支 払 家 賃	100		
純　利　益	800		
合　　　計	2,000		2,000

2

現　金

4/1	1,000,000	4/12	10,000
5	200,000	16	8,000
28	150,000	25	42,000
		30	170,000
		〃	11,000

借　入　金

		4/5	200,000

資　本　金

		4/1	1,000,000

備　品

4/22	32,000		

買　掛　金

4/30	170,000	4/10	250,000

仕　入

4/10	250,000		

売　上

		4/15	220,000

	売 掛 金				支払家賃	
4 /15	220,000	4 /28	150,000	4/30	11,000	

	給 料				(未払金)	
4 /25	42,000				4 /22	32,000

	消耗品費				交 通 費	
4 /16	8,000			4 /12	10,000	

3

合 計 残 高 資 産 表
平成○年3月31日　　　　　　　（単位：円）

借方残高	借方合計	勘 定 科 目	貸方合計	貸方残高
186,200	770,000	現　　　　　金	583,800	
100,000	100,000	当 座 預 金		
200,000	570,000	売　掛　　金	370,000	
90,000	490,000	商　　　　品	400,000	
300,000	300,000	建　　　　物		
100,000	100,000	備　　　　品		
	280,000	買　掛　　金	610,000	330,000
		（未 払 金）	100,000	100,000
	50,000	借　入　　金	150,000	100,000
		資　本　　金	400,000	400,000
		商 品 売 買 益	200,000	200,000
107,000	107,000	給　　　　料		
18,000	18,000	広　告　　費		
7,000	7,000	交　通　　費		
8,000	8,000	消 耗 品 費		
7,800	7,800	（賃　借　料）		
6,000	6,000	支 払 利 息		
1,130,000	2,813,000	合　　　　計	2,813,800	1,130,000

4
(1)

買掛金元帳 平塚商店					売掛金元帳 寒川商店		
4 /9	12,000	4 /8	350,000	4 /18	280,000	4 /20	8,000
28	280,000	26	240,000	29	250,000	30	220,000

(2)

合　計　試　算　表
平成○年4月30日　　（単位：円）

借　方	勘　定　科　目	貸　方
1,070,000	現　　　　　　金	419,500
530,000	売　　掛　　金	228,000
80,000	備　　　　　　品	
292,000	買　　掛　　金	590,000
	未　　払　　金	80,000
	資　　本　　金	850,000
8,000	売　　　　　　上	530,000
630,500	仕　　　　　　入	12,000
45,000	給　　　　　　料	
36,000	（発　送　費）	
18,000	旅　費　交　通　費	
2,709,500	合　　　　　計	2,709,500

5

	借　　方		貸　　方	
①	仕　　　　　入	450,000	当　座　預　金	280,000
			当　座　借　越	170,000
②	現　　　　　金	150,000	売　　掛　　金	150,000
③	仕　　　　　入	180,000	前　　払　　金	18,000
			当　座　預　金	162,000
④	当　座　預　金	407,500	受　取　手　形	420,000
	手　形　売　却　損	12,500		
⑤	買　　掛　　金	150,000	支　払　手　形	150,000
⑥	仕　　　　　入	185,000	受　取　手　形	100,000
			当　座　預　金	85,000
⑦	貸　倒　引　当　金	22,000	売　　掛　　金	28,000
	貸　倒　損　失	6,000		
⑧	当　座　預　金	958,500	売買目的有価証券	1,071,000
	有価証券売却損	112,500		
⑨	商　　品　　券	150,000	売　　　　　上	250,000
	現　　　　　金	100,000		
⑩	旅　費　交　通　費	205,200	仮　　払　　金	185,000
			現　　　　　金	20,200
⑪	建物減価償却累計額	3,300,000	建　　　　　物	8,400,000
	未　　収　入　金	5,820,000	固定資産売却益	720,000
⑫	手　形　貸　付　金	500,000	受　取　利　息	18,750
			現　　　　　金	481,250

6

	借　　　　方		貸　　　　方	
①	仕　　　　　入	66,000	繰　越　商　品	66,000
	繰　越　商　品	72,200	仕　　　　　入	72,200
②	雑　　　　　損	8,500	現　金　過　不　足	8,500
③	減　価　償　却　費	15,000	建物減価償却累計額	15,000
④	貸倒引当金繰入	3,880	貸　倒　引　当　金	3,880
⑤	前　払　保　険　料	3,165	保　　険　　料	3,165
⑥	支　払　利　息	800	未　払　利　息	800
⑦	消　　耗　　品	6,200	消　耗　品　費	6,200
⑧	受　取　利　息	4,200	前　受　利　息	4,200

精　算　表　　　　　　　　　　　（単位：円）

勘定科目	残高試算表 借方	残高試算表 貸方	修正記入 借方	修正記入 貸方	損益計算書 借方	損益計算書 貸方	貸借対照表 借方	貸借対照表 貸方
現　　　　　金	60,400						60,400	
現 金 過 不 足	8,500			8,500				
当 座 預 金	70,000						70,000	
売　掛　金	148,000						148,000	
貸 倒 引 当 金		560		3,880				4,440
繰 越 商 品	66,000		72,200	66,000			72,200	
建　　　　　物	250,000						250,000	
建物減価償却累計額		60,000		15,000				75,000
貸　付　金	120,000						120,000	
支 払 手 形		53,900						53,900
買　掛　金		88,500						88,500
借　入　金		50,000						50,000
資　本　金		400,000						400,000
売　　　　　上		558,000				558,000		
受 取 利 息		14,500	4,200			10,300		
仕　　　　　入	398,500		66,000	72,200	392,300			
給　　　　　料	68,400				68,400			
保　険　料	12,660			3,165	9,495			
雑　　　　　費	8,500				8,500			
消 耗 品 費	12,500			6,200	6,300			
支 払 利 息	2,000		800		2,800			
貸倒引当金繰入			3,880		3,880			
減 価 償 却 費			15,000		15,000			
雑　　　　　損			8,500		8,500			
前 払 保 険 料			3,165				3,165	
未 払 利 息				800				800
消　耗　品			6,200				6,200	
前 受 利 息				4,200				4,200
当 期 純 利 益					53,125			53,125
合　　　計	1,225,460	1,225,460	179,945	179,945	568,300	568,300	729,965	729,965

7

ア［貸倒引当金繰入］　イ［益］　ウ［前払］
a［15,000］　b［220］　c［710］　d［1,080］　e［64,950］　f［2,380］　g［4,465］
h［4,200］　i［300］　j［4,320］

解答編 ●――― 195

8

	(1)	(2)	(3)	(4)
1．現金出納帳		○	○	
2．当座預金出納帳	○			
3．仕　入　帳	○			
4．売　上　帳		○		
5．支払手形記入帳			○	
6．受取手形記入帳	○			
7．商品有高帳	○	○		
8．仕入先元帳			○	
9．得意先元帳		○		○

9

損　益　計　算　書
平成○年1月1日から12月31日まで

売　上　原　価	(722,200)	売　上　高	1,043,400
給　　　料	125,400	（雑　　益）	(5,400)
支　払　家　賃	55,000		
貸倒引当金繰入	(7,580)		
減価償却費	(68,400)		
保　険　料	(26,400)		
消　耗　品　費	(5,500)		
支　払　利　息	(3,810)		
当期（純利益）	(34,510)		
	(1,048,800)		(1,048,800)

貸　借　対　照　表
平成○年12月31日

現　　　金			122,500	支　払　手　形		208,000
当　座　預　金			250,000	買　　掛　　金		185,900
受　取　手　形		330,000		（未　払　費　用）	(	1,530)
売　　掛　　金	(125,400)			借　　入　　金		220,000
（貸倒引当金）	(11,400)	(	558,600)	資　　本　　金		500,000
商　　　品		(	78,800)	当期（純利益）	(	34,510)
前　払　費　用		(	6,600)			
（消　耗　品）		(	8,000)			
備　　　品		380,000				
減価償却累計額	(205,200)	(	174,800)			
		(1,149,640)			(1,149,640)

索引
INDEX

ア

預り金 …………………… 96
移動平均法 ……………… 51
売掛金 …………………… 61
受取手形 ………………… 80
──── 記入帳 ………… 81
受取配当金 ……………… 86
裏書譲渡 ………………… 81
売上勘定 ………………… 44
売上原価 ………………… 46
売上債権 ………………… 120
売上諸掛 ………………… 50
売上総利益 ……………… 46
売上帳 …………………… 46
売上値引 ………………… 48
売上戻り ………………… 48
売掛金元帳 ……………… 62
英米式決算法 …………… 141

カ

買掛金 …………………… 61
──── 元帳 …………… 62
会計期間 ………………… 5
会計帳簿 ………………… 37
貸方 ……………………… 6
──── 要素 …………… 15
貸し倒れ ………………… 120
貸倒損失 ………………… 122
貸倒引当金 ……………… 120
──── 繰入 …………… 120

──── 戻入 …………… 122
仮受金 …………………… 92
借方 ……………………… 6
──── 要素 …………… 15
仮払金 …………………… 92
勘定 ……………………… 20
──── 科目 …………… 22
間接法 …………………… 115
繰越商品勘定 …………… 44
繰り延べ ………………… 126
経過勘定 ………………… 132
決算 ……………………… 106
──── 修正事項 ……… 108
減価償却 ………………… 114
──── 費 ……………… 114
──── 累計額 ………… 115
現金 ……………………… 68
──── 過不足 ………… 69
──── 出納帳 ………… 68
合計残高試算表 ………… 31
合計試算表 ……………… 31
小切手 …………………… 71
小口現金 ………………… 73
──── 出納帳 ………… 73
固定資産 ………………… 89
──── 売却益 ………… 117
──── 売却損 ………… 117
5伝票制 ………………… 100

サ

財産管理 ………………… 3

197

財産法	8
財政状態	5
再振替仕訳	128
財務諸表	2
差額補充法	121
先入先出し法	51
雑益	69
雑損	69
残存価額	115
残高試算表	31
3伝票制	100
3分法	44
仕入勘定	44
仕入先元帳	62
仕入諸掛	46
仕入帳	46
仕入値引	48
仕入戻し	47
資産	6
試算表	31
仕丁	24
支払手形	80
──── 記入帳	81
資本金	94
社会保険料預り金	96
収益	10
従業員貸付金	95
従業員立替金	95
出金伝票	100
取得原価	115
主要簿	37
純資産	6
純利益	8
償却債権取立益	123
商業手形	82
商品有高帳	50
商品券	91
商品売買益勘定	42

消耗品	93
──── 費	93
諸口	23
所得税預り金	96
仕訳	18
──── 帳	18
人名勘定	62
精算表	107
総額法	110
総勘定元帳	22
総記法	43
損益勘定	141
損益計算書	5
──── 等式	11
損益法	11

タ

貸借対照表	5
──── 等式	6
貸借平均の原理	32
耐用年数	115
立替金	95
他店商品券	91
帳簿価額	116
帳簿組織	37
直接法	115
直線法	115
定額資金前渡制	
（インプレスト・システム）	73
定額法	115
手形	79
──── 貸付金	82
──── 借入金	82
──── の割引	82
──── 売却損	82
転記	22
伝票	100
当座	73

────借越	72	補助元帳	37
当座預金	70	|　マ　|	
────出納帳	71		
統制勘定	37	前受金	90
得意先元帳	62	前受収益	129
取引	3	前払金	90
────の8要素	16	前払費用	127
────の要素分解	15	見越し	127
|　ナ　|		未収収益	130
		未収入金	89
入金伝票	100	未払金	89
|　ハ　|		未払費用	130
		元丁	19
8桁精算表	135	元帳	22
発送費勘定	50	|　ヤ　|	
引出金	94		
費用	10	約束手形	79
複式簿記	2	有価証券	86
負債	6	────売却益	87
振替処理	109	────売却損	87
振替伝票	100	────利息	86
分記法	42	有形固定資産	89
簿記	2	|　ラ　|	
────一巡の手続き	39		
補助記入帳	37	流動資産	114
補助簿	37		

［著者紹介］

志村　正（しむら・ただし）　担当章：第1，2，5，12〜18章
　　1980年　慶応義塾大学大学院商学研究科博士課程単位修得退学
　　1980年　創価大学経営学部専任講師，83年同助教授
　　1988年　文教大学情報学部助教授を経て，
　　現　在　文教大学経営学部教授

［主要著書］
　　『基礎から学ぶ管理会計』（東京経済情報出版，2011年）
　　『原価計算』（創成社，2015年）
　　『Excelで学ぶ会計情報の作成と分析［第四版］』（創成社，2013年）
　　『ABCとバランスト・スコアカード』（櫻井通晴編著，同文舘出版，2003年）
　　『企業価値創造の管理会計』（櫻井通晴・伊藤和憲編著，同文舘出版，2007年）
　　　など。

石田晴美（いしだ・はるみ）　担当章：第8〜11章
　　2005年　横浜国立大学大学院国際社会科学研究科修了，博士（経営学）
　　2005年　文教大学情報学部専任講師を経て
　　現　在　文教大学経営学部准教授，公認会計士

［主要著書］
　　『地方自治体会計改革論』森山書店，2006年（第35回日本公認会計士協会学術賞）。
　　『公会計講義』（鈴木　豊，兼村高文編著）税務経理協会，2010年。
　　『地方自治の深化』（日本地方自治研究学会編）清文社，2014年。

新井立夫（あらい・たつお）　担当章：第3，4，6，7章
　　1982年　名古屋商科大学商学部卒
　　2007年　文教大学情報学部専任講師を経て
　　現　在　文教大学経営学部准教授

［主要著書］
　　『進路アドバイザーのための基礎知識2016 ― 進路アドバイザー検定公式テキスト
　　　― 』大学新聞社，2016年。
　　『教員採用のカラクリ「高人気」職のドタバタ受験事情』中央公論新社，2013年。
　　『バカ学生に誰がした？　進路指導教員のぶっちゃけ話』中央公論新社，2013年。

（検印省略）

2016年10月20日　初版発行　　　　　　　　　略称−新簿記

新簿記教科書

著　者　志村　正・石田晴美・新井立夫
発行者　塚田尚寛

発行所　東京都文京区　　株式会社　創成社
　　　　春日2−13−1

電　話　03（3868）3867　　ＦＡＸ　03（5802）6802
出版部　03（3868）3857　　ＦＡＸ　03（5802）6801
http://www.books-sosei.com　振　替　00150-9-191261

定価はカバーに表示してあります。

ⓒ2016 Tadashi Shimura　　組版：サンライズ　印刷：Ｓ・Ｄプリント
ISBN978-4-7944-1506-6 C3034　製本：宮製本所
Printed in Japan　　　　　　　落丁・乱丁本はお取り替えいたします。

― 簿記・会計選書 ―

新簿記教科書	志村 正 石田 美夫 新井 晴立	著	2,000円
簿記トレーニング	志村 正 石田 美夫 新井 晴立	著	1,800円
原価計算	志村 正	著	2,000円
企業会計テキスト	志村 正	著	1,700円
キャッシュフローで考えよう！ 意思決定の管理会計	香取 徹	著	2,200円
会計原理 ―会計情報の作成と読み方―	斎藤 孝一	著	2,000円
IFRS教育の実践研究	柴 健次	編著	2,900円
IFRS教育の基礎研究	柴 健次	編著	3,500円
現代会計の論理と展望 ―会計論理の探究方法―	上野 清貴	著	3,200円
簿記のススメ ―人生を豊かにする知識―	上野 清貴	監修	1,600円
複式簿記の理論と計算	村田 直樹 竹中 徹彦 森口 毅	編著	3,600円
複式簿記の理論と計算 問題集	村田 直樹 竹中 徹彦 森口 毅	編著	2,200円
非営利組織会計テキスト	宮本 幸平	著	2,000円
社会的責任の経営・会計論 ―CSRの矛盾構造とソシオマネジメントの可能性―	足立 浩	著	3,000円
社会化の会計 ―すべての働く人のために―	熊谷 重勝 内野 一樹	編著	1,900円
活動を基準とした管理会計技法の展開と経営戦略論	広原 雄二	著	2,500円
ライフサイクル・コスティング ―イギリスにおける展開―	中島 洋行	著	2,400円

(本体価格)

― 創成社 ―